U0635110

献给我的妻子 王琳

众人皆吾师

唐世平学术随笔

唐世平◎著

天津出版传媒集团

天津人民出版社

图书在版编目（CIP）数据

众人皆吾师：唐世平学术随笔 / 唐世平著. -- 天津：天津人民出版社，2018.1（2022.4 重印）
ISBN 978-7-201-12631-9

Ⅰ.①众… Ⅱ.①唐… Ⅲ.①社会科学－文集 Ⅳ.①C53

中国版本图书馆 CIP 数据核字（2017）第 293422 号

众人皆吾师：唐世平学术随笔
ZHONGREN JIE WUSHI：TANGSHIPING XUESHU SUIBI

出 版	天津人民出版社	
出 版 人	刘 庆	
地 址	天津市和平区西康路35号康岳大厦	
邮政编码	300051	
邮购电话	（022）23332469	
电子信箱	reader@tjrmcbs.com	

责任编辑	杨 舒	
装帧设计	明轩文化·王烨	

印 刷	天津新华印务有限公司	
经 销	新华书店	
开 本	880毫米×1230毫米 1/32	
印 张	8.75	
插 页	1	
字 数	130千字	
版次印次	2018年1月第1版 2022年4月第3次印刷	
定 价	48.00元	

幸能"思无涯"：代自序

这个集子是我的一些读书笔记，我对给予我诸多教诲、提携和鞭策的多位前辈（学者）的个人理解的文章，以及几篇杂文组成。它们大部分都发表在我的博客上，少数发表在纸媒上，保持了比较口语化、轻松的行文风格。

之所以要出成一个集子，除了方便读者，挣点版税之外（版税我将全部捐出来，作为以我外婆的名字命名的"普英奖学金"的一部分。该奖学金于 2017 年启动，已经在几个偏远和少数民族地区开始资助优秀的贫困学生），还有三个目的。一则是希望我的读书笔记一方面能够成为对这些学者初步的导读，另一方面也能够与读者分享我一部分读书的感受和体会。二则是希望读者，尤其是学生和晚辈，能够从中看到吸收不同老师的长处有多重要。三则是希望读者了解我对一些学术问题的理解。

鉴于我对前辈的理解和杂文都是直接就可以消化的,下面主要谈谈我的读书笔记背后的故事。

我从来都觉得读书是件相对容易的事情。但是在过去近二十年的时间里,我深刻地体会到,写书,特别是写一本关于社会科学的好书,实在是太难了。这是个极其痛苦的过程。他(或者她)只能坚持不懈,在茶叶、咖啡或香烟的慰藉下艰难前行,最后终于在某一天说,"(大致)好了"。这个过程背后的辛苦、煎熬甚至沮丧,只有写过类似书的人才能真正理解,一般的写书人并不容易理解,读书的人就更谈不上了。我甚至觉得,每一个好的社会科学家最后一定都是咬着牙"爬完最后的几个格子"或者"敲完最后的几个字"。而他们之所以这么做通常不是因为要毕业或者是要凑文章而写作,而是因为他们觉得自己在回答一个重要的问题,而且他们的回答可能是成立的,至少是有用的。因此他们觉得他们必须写完,不能放弃。

我这种来自于写书的体会让我在读书的时候,都会试图去问:作者为何写这本书?如果书好,那它是怎么来的?作者是怎么做到的?他(或她)身上有哪些特征使得他可以写出这样一部好的作品?如果书那么烂,一个作者怎么可以这么写?是因为时间,还是因为功力,还是就是懒惰?我不知道读者们是否也都会问这些问题,但我觉得这些是有趣,甚至重要的问题。

因为思考这样的问题，我觉得和一些前辈多了一份超越时空的交流：我从内心感激他们给我们留下了这么伟大的作品，让我们对社会（以及自然）的理解得以如此深刻，甚至完全被颠覆。他们是"知无涯者"。当然，真正能够"知无涯"的人肯定是很少的，恐怕只有牛顿、爱因斯坦、达尔文、拉马努金、霍金、福柯、埃利亚斯这样的巨匠。绝大部分人不可能"知无涯"，深窥宇宙、生命以及人类社会的秘密。但我宁愿相信，如果努力，我们中的许多人至少可以站在我们前辈的肩膀上，试图去"思无涯"。"思无涯"可以理解为思考可以没有明确的边界、无领域、无束缚，"所以无门无派，所以如水无形，所以至上"。

我觉得至少我一直在努力去"思无涯"。如果说我的第一本英文专著《我们时代的安全战略理论：防御性现实主义》是一部纯粹的国际关系作品的话，我的第二本英文专著《制度变迁的广义理论》就已经是一部覆盖整个社会科学的作品。而我的《国际政治的社会演化》至少也不是一部严格意义上的国际关系领域的作品，因为它的支撑点和我的《制度变迁的广义理论》的支撑点一样，都是"社会演化范式"。不仅如此，《国际政治的社会演化》试图解决的一些实证和理论问题，特别是关于战争的起源及其对人类社会演化的深远影响，其实也是人类考古学的核心问题之一。而我将在下一部英文著作《论社会演化》中详细阐述并且宣称，"社会演化范式"是社会科学中的终极范式，就如同达尔文的演化论是生物学中能够溶解一切的"万能酸"（universal acid）一样。

事实上，我最近的许多研究也已经不再局限于国际关系领域了：我正在逐渐"淡出"国际关系学界，因为我认为这个领域中最为根本性的宏大理论和实证问题已经被我解决（不管你们同不同意）。而我未来的研究领域基本上将集中于：比较政治学（现代化、族群冲突、政治转型）、制度经济学（经济增长的制度基础）、产业政策、社会科学哲学和方法论。在以上领域，我已经出版了一些探索性作品，有兴趣的读者们可以从我的个人网页自行查阅。一些细心的读者可能也已经发现这个集子中的大部分学者都不是国际关系领域的。

许多人可能会问："你为何要这么做？""打一枪换一个地方"从来都不是一个褒义词。我的回答是，当一个领域内最令我激动的问题已经被我解决之后，我就会毅然、决然地选择离开，去另一个领域寻找最令我激动的问题，即便那个领域可能是我一开始不太熟悉的领域。这样的我才是真正的我，一个至少可以"思无涯"的我。

最后，我将这本书献给我的妻子王琳。这么多年以后，她终于等到了我把一部书献给她。我不敢肯定这漫长的等待是值得的,也不敢肯定她一定会理解我所有的努力。我能够肯定的是,她的理解和支持让我得以"思无涯"。我很幸运,也很幸福。

唐世平

上海 2017 年 12 月

目　录

上篇　"学术感恩录"系列

中篇 "我所理解的学者"系列

下篇　杂文

附　录

上篇 『学术感恩录』系列

一点儿说明

我其实犹豫了很久，要不要写"学术感恩录"这样一个系列。主要的担忧是怕引起误解。写了哪些老师，没写哪些老师？先写了谁，后写了谁？全是赞美还是要有一点儿批评？批评得对不对？（赞美恐怕都是对的。）最后还是决定写了，不过觉得恐怕还是要再澄清几句。

首先，我觉得这个东西总是要有人写的，因为这是一个学科进步的历史的一个侧面。可以这么说，在过去的三十多年，如果一个学科没有几位领军人物，他们具有国际眼光、深厚的学术功底，而且他们愿意折腾，也能够折腾，那么这个学科在今天的中国多半是"式微"的。因此至少就国际政治和国际关系这个学科，我们这些晚辈很庆幸有这么多的前辈和老师给我们奠定了这么好的基础（尽管还有许多我们仍需努力的地方），否则国际政治和国际关系学科会比今天大家认为的还要差,大家比比就知道了。

其次,我觉得我最适合写这个系列。中国人都重师承关系,然而很不幸,我在国内从没有念过文科,所以我在中国的社会科学界没有任何师承关系。也就是说,我在中国的社会科学界没有师门,没有正式的老师。[这肯定有它的不良后果。事实上,我在美国也没有师门,因为没有念一个(国际)政治学的博士。不过我其实很庆幸自己一直是这么"自学成才"的,至少我经常这样自我安慰。]但是我把所有这些为我们的学科做出过重要贡献的前辈(甚至晚辈)都当成我的非正式的老师。(中国的内功说,"众人皆吾师",这比孔子说的"三人行,必有吾师"更加深刻。)因此我从内心深处感激他们对这个学科做出的伟大贡献,而不仅仅是感激他们对我的直接或间接的教诲、支持、提携和理解。正因为我没有师承关系,所以我想我在写这些老师时的偏见会比有师承关系的晚辈的偏见相对少一些(我肯定还是有偏见的),而且也能够敢于(稍微)对他们作一点儿批评。在中国,要"白纸黑字"地"批评"自己的老师是不大容易的。

最后,我不可能一下子写到每个人。我遵循两个原则:①只写自己比较了解的老师,多少要有过些交流的。②既不按年龄,也不按学派写,我按我和他们认识的时间先后写;如果认识的时间差不多,那只好让相对年轻的老师稍微靠后些。

比如时殷弘、秦亚青老师辈分差不多,但我和他们认识都相对晚,所以只能往后排一点儿。

希望这样一个说明能够让大家更理解这个系列的用意。

张蕴岭①

我说过我要写一系列的学术感恩录，这其中的第一个人只能写张蕴岭老师。

1998年我还在美国念书的时候（当时快要开始硕士二年级），我开始考虑回国做些什么事情。一方面我向一些学者打听了一些情况，包括几个对中国深有研究的美国学者，比如江忆恩（Iain Johnston），很多人都向我称赞张老师，说他人

---

① 我这个小文大致成稿后，发给张蕴岭老师请他过目。他说不要写他了。因此这里的内容没有得到张蕴岭老师的首肯。所有的谬误都是本人的。我决定再一次违背他的教导，我希望从我的这些小文里，我们的晚辈可以看到中国国际问题研究的历史演进的一点儿轨迹，而这对于将来他们的成长是重要的。张老师他们这一代人（以及更资深的一代人，比如资中筠先生）出色地完成了他们的使命，接下来便是后来人的责任了。而只有一代代的人尽力而为，中国才会有希望。

好。另一方面且至关重要的是我的好朋友赵俊杰(他现在是社科院欧洲所的研究员),当时正在加州大学伯克利分校做访问学者。我告诉他,我想回国工作,俊杰就非常爽快地答应引荐。俊杰说张老师之前是欧洲所的副所长,现在在社科院亚太所做所长,张老师也许会对我有兴趣。

1998年我回国半年,一方面想见识一下国内的一些事情(算是实习吧),另一方面也为我的硕士论文做一些采访[主要的采访对象是社科院俄罗斯东欧中亚研究所,也就是我们称之为苏东所的老师]。1998年暑假回国时,我和张老师见面聊了一次(我还写了篇很短的文章,大概给他看了一下)。说白了,其实我不明白张老师当时为什么要我。因为我以前学的是理科,不是国际关系,而且我认为我当时写的东西肯定不行。不管怎么说,张老师给了我人生中最重要的机会之一。1998年9月到12月,我从重庆到了北京,有更多的机会与张老师见面。但其实这期间聊的不是很多,当时他就答应要我,我当然很开心啦。1999年暑假(7月份)我回到社科院,从那时起正式开始在张老师的领导下工作。

我想讲几件关于张老师的事情,因为这些事情给我留下的印象特别深刻。

一、提携晚辈和前瞻意识

首先,张老师对青年学者很好,不遗余力地提携晚辈(当然不仅仅是对我,也包括很多在业界已经非常有名或者说即将很有名的青年学者)。其中给我印象最深的一点是,当时张老师经常会抽出时间看看我写的一些东西,特别是用中文写的文章,并给我提出一些宝贵的意见。

当时在社科院,必须写一些政策类的东西,比如"政策建议",还有的是"情况汇报"(background briefing)。对我来说,第一个困难是我不知道这些文章的格式,我必须先看看张老师的东西,然后模仿。即便是模仿,我刚开始写这样的报告也存在很多问题,比如其中的用语经常会很冗长。最开始的几个报告张老师会亲自一个字一个字、一段一段地帮我修改,这对我的帮助是非常大。

(当然,张老师没时间看我的长文章,我就请同事们看这些文章,让他们帮我把从英语翻译过来的中文变成相对流利一点儿的中文,尽管我觉得现在我做得仍然不够好。对这些同事和编辑,我也深深感激。剩下的错误都是我的。)

偶尔我会去张老师的办公室和他聊天,他会告诉我一些他对做政策研究以及中国外交体系的理解。这些经验是我无法通过自己的时间短期内积累的,所以他传授给我的经验是非常重要的,尽管我说不清楚具体是哪些经验,我只是觉得这些经验很重要,这对我后来做政策研究的帮助很大。

其次,我个人觉得张老师在20世纪90年代末是中国国际问题专家中少数几个清楚地认识到中国所处的地区[有时候我们用"自我中心主义"的说法——周边来指代中国所处的这个区域,或者广义一点儿称之为"亚太地区",狭义一点儿叫作"东亚"。一般情况下,我把这一地区叫作"亚太",或者"中国周边地区"(the region around China)来表述]对于中国外交政策重要性的人。(现在回头来想,我也记不大清楚我第一次与张老师见面的时候有没有谈到这些问题。)这可能是因为张老师当时是亚太所的所长,但更是因为张老师对中国所处的环境有深刻的理解。在这一点上,我和张老师是有共同的认识的。而那时候还没有"大国是关键、周边是首要、发展中国家是基础、多边是重要舞台"的提法。也就是说,中国外交政策对中国所处的地区的关注是远远不够的,因为当时的外交口号是"中美关系是重中之重"。一方面,我显然同意美国是非常重要的,因为它作为一个全球力量,对中国周围的影响是非常大的。但另一方面,我一直认为,中国与它所处地区的国家的关系和中美关系这样的大国关系具有同等重要的地位。

这样大家也就可以理解为什么我唯一的一本中文书——《塑造中国理想的安全环境》围绕着中国写了一圈(实际上,这本书在我读硕士期间就开始构思了)。当然,我对每一个地区的了解都不是很充分,但我个人认为这项工作是非常重要的,它为我后来所做的研究提供了一个基础,甚至也为各位理解我为什么做政策研究,为什么是这么做政策研究给出了一个出发点。

因此在中国所处的地区对于中国的重要性这一点上,我和张老师是不谋而合。我想他应该很高兴地看到中国政府在一段时间的思考后,至少认可大国是关键,周边是首要。也就是说,把中国与其所在地区的国家的关系提到不低于(或者说不太低于)中美关系的高度,而因为在这一点上张所长和我有类似的认识,我在他手下工作非常愉快。

二、几个花絮

前面谈到张所长对晚辈非常地提携,接下来,我想讲的就是他很多时候在无意之中给了我很多鼓励、推动和压力。我举两个例子。第一个例子刚好引出我在后边的文章里会写的另一位人物,也就是阎学通老师。在我回国之前,我已经在电视上看到了阎学通老师的风采了［当时中央电视台9频道的一位主持人是陈晓薇（她现在是互联网技术界的大腕），她是我在科大的校友，实际上我以前就认识她，只是不太熟。］当时张老师受邀参加外交部的一个会议，讨论中国在东亚和东南亚的事情，张老师就让我去参加。其实当时我对这一地区的了解还是非常不够的，虽然已经读了一些东西，我真的还是有些惶恐不安。我记得时任外交部部长助理王毅还在那里讲话，我年纪轻轻（其实我觉得自己当时已经很老了），肯定是知识积累不够。参加那次会议时，在外交部门口，我有幸见到了阎学通老师，并表达了我对他的尊重。从这件事情上，我要特别强调，张老师是一个非常愿意给年轻人机会的领导。

另外一次，2001年，南洋理工大学的战略与防务研究所（IDSS，后来改名了，也就是我以后工作的学院）邀请张老师参加会议。张老师又给我机会，让我去参加。参加那次会议让我第一次认识阿米塔夫·阿查亚（Amitav Acharya，阿米塔夫也是我的学术恩人）。通过认识阿米塔夫，我得以有机会在2002年去宁夏挂职之前去战略与防务研究所做了一个月的访问学者。之所以要去做一个月的访问学者，是因为我觉得去宁夏挂职可能会耽搁手头未完成的工作，一个月的访学后我写出来的作品就是2004年的那篇文章《国家安全环境的系统理论》。现在看来这篇文章有一个大的缺陷，但当时对我来说这是一个非常重要的理论文章。不管怎么样,在战略与防务研究所一个月的访学成果让阿米塔夫对我有了相对比较好的印象,这也是我后来能去新加坡工作的原因之一。

说到这里,我一定要送给大家一句非常重要的话(其实我在很多场合都说过),每个人都要"把每次机会当作最后一次机会",这样你才能在某个领域做出一定的成就。因为人生的机会其实很少,很多时候如果你和别人初次见面,或者初次在业界混个脸熟,而如果你表现得比较糟糕的话,这会对你未来的发展是有比较大的负面作用。

我举这两个例子,就是为了告诉大家张老师确实给了很多年轻人很多很多的机会。他不断地鼓励年轻人出国做研究,很多次别人邀请他去参加会议(无论是国内会议还是国际会议),他都让年轻人去参加。这也使得亚太所的年轻人在感受到压力的同时,也感觉到有奔头。

三、张老师对亚太所的贡献(Legacy)

张老师对亚太所,甚至更大范围内的一个重要的贡献是他对中国的整个地区研究有极大的推动作用。我个人觉得,如果没有张老师在之前这么好的管理,如果没有他那么积极地给年轻人机会,那么亚太所也不会有现在这么崇高的地位

（亚太所已成为了一个更加受器重的研究机构）。

一方面，随着中国国力的发展和实力的增强，重新思考中国与地区国家的关系在客观上变得非常必要，亚太所的年轻人觉得自己的行当很有意义。另一方面，这些年在张所长的治理下，亚太所的年轻人是非常有活力的。

我特别喜欢孙学峰说过的一句话，他开玩笑说："我过去几年最正确的判断之一就是亚太所将要崛起。"其中的一个崛起就是《当代亚太》这份期刊的崛起，它的影响力甚至超过了过去的几个老牌期刊。

除此以外，亚太所的很多年轻人都非常厉害。这里我简单地提到几位，并不是说其他的人就不优秀，而是说这几位大家可能都知道，或者说业界慢慢会知道，我按照我认识的顺序来说：赵江林、王玉主、周方银、高程，后来的钟飞腾，其实原来还有冯维江（因为他是张宇燕老师的高徒，所以把他调到世经政所去了）。（老一辈的人我就不说了。）

四、张老师的能力——我的印象

此外，我想说，我特别佩服张蕴岭老师两点（他当然有很多其他值得佩服的地方）。首先，张老师是个极度聪明的人，他实在是很厉害。他原来是研究欧洲的，1993年他才到亚太所主持工作。通过自己的勤奋学习，他在很短的时间内迅速把自己对亚太地区国家的了解提升到很高的程度，超过了当时非常多的人。而且张老师还有一样非常重要的能力——驾驭全局、把握全局的能力。因为当时随着中国加入东盟地区论坛、东盟十国与中、日、韩(10+3)，以及中国—东盟自贸区等地区组织，任何做亚太地区研究的学者都需要一个比较好的战略眼光。应该说正是拥有这样的战略眼光，张老师对中国的周边安全战略(或者说周边战略)做出了非常大的贡献。这些成就是建立在张老师非常快速，而且非常努力学习的基础上。我觉得这点是我们很多年轻人都必须向他学习的，也就是在非常短的时间内把自己变成非常优秀的人。

其次，张老师坚持与不同业界的人打交道，他不仅与学界、政府，而且与商界也保持了很好的关系。当然，我说的这种关系不是金钱关系，而是说他试图去了解中国企业，帮助中国企业。所以在张老师的领导下，亚太所不仅做了政府和学界的工作，还通过与企业的联系，研究了中国—东盟自贸区，以及自贸区对中国企业的影响(无论是好的，还是坏的)。这些细致的研究非常有意义，也打下很多扎实的基础。

五、一点儿批评

我以前说了,我写的这些"学术感恩录"都会有一点点批评。

我对张老师的一点儿批评就是他有时候对年轻人实在是太好了,以至于他给一些年轻人压力不够(我曾经和张老师开玩笑说,他有时候对我们"好到没有原则")。张老师给一些刚刚毕业的博士生、硕士生指出了方向,但是没有给他们足够的压力。而因为压力不够,一些在学术上本来可以做得更好的年轻人现在做得不是特别地好,或者说没有充分发挥出他们的潜力。

我觉得这可能是因为张老师有时候对人太过宽容。他希望年轻人自觉,也给年轻人布置任务,但是如果别人不做,他可能也不太管。我甚至听到一个故事,某个年轻人的工作在截止日前完成不了,就告诉张老师说"对不起,我做不了",而张老师就自己去做了,把自己累得够呛。我认为这对张老师的身体没有什么好处,而且我觉得这对年轻学者的成长可能也是不利的。也就是说,我认为张老师可以对年轻人更严厉一点儿,这是我唯一对他的"批评"。

阎学通

今天我要谈谈我理解的阎学通老师。阎老师在学界的地位就不用我多说了,之所以第二个我要写阎老师,因为他是我刚到社科院工作后见到的第二个"牛人"。当然,我对阎老师也会有一点点批评。我前面也说了,我所要写的所有的学术感恩录中都会有一点点批评。

虽然很多人都很"牛",但是我认为阎老师对中国的国际问题研究起了极大的推动作用。在一定程度上可以说,他起到的作用是不可替代的。

我和阎老师的交往其实很少,我们第一次见面是在外交部开会的时候(上篇感恩录里提到过),那时候我还是个愣头儿青,几乎不懂行,而他已经是很资深的学者了。之后我们通过一次电话。(大约是2001年,他当时表示对我有兴趣,让我受宠若惊。不过我当时的职称太低,清华门槛太高,只好作罢。而且我也不能离开张蕴岭老师呀！）阎老师后来受邀去新加坡国际关系学院（RSIS）做讲座（2008年），国际关系学院的院长德斯加（Barry Desker）晚餐宴请阎老师，我作陪。2011年在清华开会的时候，刚好贺凯做东，我有幸与阎老师在一个桌上吃饭，简单地聊了一些。

阎老师是个很传奇的人。他博士期间研究的是发展经济学，或者说是真正意义上的比较政治学，他的导师应该是卡尔·罗斯伯格（Carl Rosberg）。罗斯伯格在美国研究非洲的学者中是泰斗级的人物。[一点儿花絮：罗斯伯格晚年多病。他逝世后，加州大学伯克利分校（Berkeley）的政治系处理以他名字命名的国际研究图书馆（International Studies Library）的藏书，正好让我碰上，蹲在地上淘了半天，一口气买了大约二十本，2美元一本！这其中包括华尔兹（Waltz）的《国际政治理论》（TIP），几乎是全新的。可惜后来让我的一个同事借走后找不到了。我到现在还记得！]

回国之前，我已经知道阎老师在国内学界非常有地位，所以特意把他的论文拿来看了一下，当时也没看太懂。但我记得他的研究是比较肯尼亚与赞比亚的发展政策，挺有意思的题目。阎老师回国以后就转入到国际政治（华丽转身呀），他的第一本书——《中国国家利益分析》（天津人民出版社出版），在中国的国际关系学界应该说是一本具有标志性意义的著作。在此之前,恐怕没有这样的著作吧。

但我觉得即便阎老师没有写这本书,而只做了以下三件事,就已经足以让我们确信他为中国的国际政治研究做出了持久和至关重要的贡献。我觉得,无论我们怎么评价,阎老师做的这三件事情都是功德无量。

一、三件大事:无人能替代

第一件事情是阎老师推动了中国的国际政治研究领域方法论的发展(相信大家都知道)。从阎老师离开现代国际关系研究院到清华后,他就开始推动这方面的发展。阎老师不仅自己著书立说,而且在训练他的学生时也这么严格要求。这样大家就可以理解,他培养的一些学生如今在业界都是非常有名的人物(我就不说是谁了,我猜大家都知道)。这是第一件大的事情。这使得那一代在北京受到训练的博士生要比在上海受到训练的博士生在方法论上进步很多,这也是我认为他们能够在业界迅速成长起来的一个重要原因。

第二件事情是阎老师办了两个杂志——《国际政治科学》与《中国国际政治学刊》(*Chinese Journal of International Politics*/CJIP)。这两个刊物并不完全一样,现在它们的内容基本上也是独立的。《国际政治科学》总地来说是沿着阎老师对科学研究的认识来做的,《中国国际政治学刊》有时候也会发表一些偏政策方面的文章,但总体来说,它也是以学术进步为导向的,而不是以政策影响为导向的。这两本杂志在中国的国际政治领域的刊物中是非常重要的平台。这些平台使得很多青年学者能够暂时,或者说至少在一段时间内,可以不需要追求政策性的影响,而是追求研究的贡献,使得他们有机会能够发表他们比较重要的研究。

〔我认为,对政策影响的追求是每一个学者应该做的,关键在于你的政策是不是好的政策。我个人以为(包括一些业界人士也这么以为),做政策得做过5—10年,还要有相当好的训练,否则基本上没什么感觉。另外,我认为一个学者除了追求直接的政策影响之外,还可以追求间接的政策影响,比如提供战略分析工具或方法。这是我的一个努力方向。〕

第三件大事是"国际政治与政治学的共同体",这个会按照国际上的国际研究协会(International Studies Association,ISA),或者是美国政治学会(APSA),或者是美国社会学年会(ASA)的模式来举行。可喜的是,这个共同体越办越大,越办越好。我非常荣幸地参加了两次,而且以后有时间我也会尽量参加。我觉得这个会议给了我们年轻人非常好的交往的平台,使得不仅仅是中国的国际政治和政治学,而且包括广义上的社会科学的研究有了一个真正比较学术的交往平台。而且随着会议规模变得越来越大，年轻学者交流的机会也越来越多。这对中国学术的成长肯定是特别特别重要的。我们这些晚辈都应该特别感谢阎老师。

如果没有阎老师去推动这三件事，很难想象会有别人可以如此出色地完成这三件事。能做成这三件事情，一方面是因为阎老师做学术研究的功力和水平，另一方面是阎老师很像张蕴岭老师，他们都是愿意折腾的人，愿意为学界的发展去努力，去做一些额外的事情。我觉得这样的事情才体现了学者的奉献精神。一个学者如果只写点东西、讲讲课，只是满足了做一个学者最基本的要求，但是阎老师和张老师不仅做了他们分内的基本事情，而且真的是为学界的成长做了非常多额外的事情。这一点值得大家（包括我本人）极度地尊敬和认真地学习。

（相比之下，阎老师对古代中国的治国之道、战略思想的研究可能是可以替代的：阎老师不做，也会有人做的。当然，这不代表阎老师在这方面的研究不重要。）

二、一点儿批评

如果说我对阎老师有任何批评意见，那就是我个人觉得他在推动方法论发展的时候有过多注重定量研究方法以及让社会科学变成自然科学的冲动或嫌疑。

在强调方法论的时候,阎老师似乎更强调定量方法。这很可以理解。这是因为当时中国的政治学研究,特别是国际政治研究,在定量和形式模型方面落后太多。(在一定意义上也可以说,定量的一些东西对在中国学习文科或者说社会科学的人是有一定难度的,因为在中国,一般认为学文科的人是学不好理科的——至少我们上大学的时候是这样。这种态度可能也需要改。社会科学不比自然科学容易,因此社会科学需要优秀的人才。)

定量研究当然是非常重要,我自己也非常重视定量研究,而且也在不断学习定量的方法,但是我们只强调定量是不太够的。实际上,定性研究也是非常难的,而且这方面的方法论进步也非常大,可是这方面的许多重要进步阎老师他们介绍得不多。这使得后来我在开会的时候发现,一些学生觉得定性研究很容易,以为随便拿一两个案例来说说就能解决问题。这肯定是不对的。

我相信阎老师也会同意这一点,即现在国际学界的一个趋势是研究者需要同时掌握定量研究和定性研究的方法。当然能将这两种研究方法掌握到什么程度,那要看研究者自己的勤奋和努力,但是这两种方法都是需要的。我个人觉得有些东西不容易被定量,而且不是所有东西都需要被定量的。

另外非常重要的一点是不能把社会科学变成"（半）自然科学"，或者说是社会科学越自然科学化越好。从社会科学哲学上来看，这样做肯定是不对的。我原来就提到过，社会科学和自然科学在本质上确实是一样的，但它们确实也有不一样的地方，包括方法论上的不同。我觉得阎老师当时在推动定量（以及"科学化"，事实上是"自然科学化"）研究发展的时候，对这些社会科学哲学的诸多方面［特别是波普（Popper）和拉卡托斯（Lakatos）之后的社会科学哲学发展］可能强调得不太够。这个我在其他地方也讲过了，这里就不多说了。

我相信大家都和我一样非常敬佩和尊重阎老师为广义上的中国社会科学，特别是国际政治和政治学的进步所做的伟大贡献。我想，我们用"伟大"这个词来描述他的贡献是毫不夸张的。我们从内心感激阎老师为我们所做的一切。

王缉思①

今天我要谈谈王缉思老师。王老师的地位和影响不用我多说。这里,我只是想讲讲我对他的一些理解和体会,感谢他对我多年的批评和指点。

比较有意思的是,我父亲是高中语文老师,我记得老爸手头最重要的三套书是:王力先生的《古代汉语》、吕叔湘先生的《中国文法要略》、清人的《古文观止》。后来知道王老师是王力先生的儿子,觉得能沾点王老先生的家族荣光,备感荣幸。

我从美国回来找工作的时候,确确实实想过是否要去社科院美国所,不过最后决定,我研究美国大概没啥前途。在中国,研究美国的学者是最多的,而且有王老师这样厉害的学

---

① 鉴于王缉思老师并没有看过这篇短文,如有冒犯,只能恳请王老师海涵。

者,完全不需要我这种菜鸟。[当时我觉得自己对美国还算比较熟悉,后来知道这是不对的。王老师和其他一些"大牛"对美国的理解要远远超过我,而我只能算是走马观花,只能算是对美国有一些直观的感受。另一个原因是,那时候我就觉得中国的近邻国家(或者称为周边国家)和中国的关系与中美关系应该是差不多重要的。我那时也想多了解一下亚洲,我在美国选修的课程都是关于亚洲的(南亚、东北亚、东南亚等),写的硕士论文是关于中亚的。]

王老师有两件事给我印象特别深,我一直谨记在心。

第一件事是王老师在社科院美国所工作的时候曾经组织过"青年对话"(或者论坛,大概是这个名字)。我觉得这件事很重要,主要有两个原因。首先,尽管在北京研究国际关系的人很多,而且年轻人也不少,但是差不多每次开会的时候,我们这些晚辈和小字辈基本上没有多少发言的机会。特别是在政策性或者时事性的讨论中,大佬们说,我们就听着。大佬们说完了,会也结束了(当然了,我们的发言可能既不重要,也可能经常是不正确的)。而王老师组织的"青年对话"能让年轻人在没有太多长辈的环境中比较平等地、畅所欲言地交流。[王老师发起的这个东西后来被北京的同道继承,并发扬光大了。上海好像没有一个类似的东西(可能是因为我孤陋寡闻,也可能我是"外来户"吧)。]其次,就我个人来说,我特别清楚地记得2003年我发在《中国社会科学》的文章——《国际政治理论的时代性》（这篇文章是我的"国际政治的社会演化"的起初思想）就是在这个会上稍微地讲了一下，听到了一些非常好的意见。

［小事一桩：2001年"9·11事件"后的第二天（北京时间9月13日）我被张蕴岭老师派去参加一个重要的会，签到时被问到的第一个问题是：你的职称？回答：助理研究员；你的职务？回答：没有。顿感资历的重要呀。不过我确实是在当天晚上（北京时间9月11日晚）看到了9·11恐怖袭击现场直播（Live）的人之一。我在9月12日凌晨（北京时间）写了一个短评，登在《中国经济时报》(http://www.china.com.cn/chinese/OP-c/58694.htm)。我猜这个短评是中文报刊媒体就"9·11事件"最早的几个短评之一。我现在回头看，仍旧觉得大体的判断不错。］

第二件事是王老师直接或间接地影响了我对某些研究的理解以及我的一些研究方向。我记得把自己的第一篇相对理论的文章——《国家安全的系统理论》给王老师看（我现在知道这篇文章有很多不对的地方，特别是关于"攻防理论"的东西）。过了几天，王老师非常直截了当地说："世平，你写的东西我看不懂。"听到王老师的批评，我觉得非常惶恐，也觉得非常地羞愧。（当然，后来我知道我不是第一个，或者说不是唯一一个被王老师批评的做理论研究的人。）因此我后来的一些研究的努力目标之一就是：要让王老师这样的人觉得我的理论有用。

过去的一个世纪里，英美国际关系（IR）学界主要的理论论争都是关于大理论。（大家可能都注意到，美国那个曾经是大理论之间烽烟四起的时代已经过去了。）在过去的20年中，我们主要引进的也是大理论。尽管大理论在过去非常受关注，但大理论并不是国际关系（或政治学）研究的唯一，而只是其中一部分。国际关系学科里有很多细致的，或者说中层的理论，比如说联盟理论、威慑、压力外交、合作的构建、和解等。这些细致的问题都是非常需要研究的。

在很大程度上我们的研究仍旧停留在大理论上（最近稍有改善）。许多原来热衷于大理论研究的学者似乎都希望直接将大理论转化为政策（都有"国师"情结吧，就好比米尔斯海默好谈"中国不可能和平崛起"）。结果遇到了麻烦。这背后的原因很简单，大理论只能解决一些比较粗糙的问题（甚至对这些问题的解决也不一定怎么样，比如华尔兹的国际政治理论），却不能解决一些细节的问题。而对于中国或者任何一个国家，在大多数时候，它们所面对的不是那些大而抽象的问题，而是具体的细节问题。而那些大理论显然不能解决这些具体的细节问题。这在一定程度上导致了一些人士认为凡是理论(而不仅仅是大理论)都不行。有些人士甚至认为既然我们将大理论都引进完了（它们对国家政策毫无用处），那我们就可以停止引进和学习了。我认为这也是错误的。

我认为,好的理论一定都是有用的——(好的)理论不是拿来玩的,而是用来解决实际问题的。理论总是试图告诉我们一些事实背后的东西,而这些背后的东西(不管你做不做政策研究)都是潜在的理论。

从某种意义上说,做政策的人也需要关注理论,甚至更加需要，虽然他可能不需要去创建理论（这不是他们的职责）。这是因为,事实上,所有政策建议的背后都是一个粗糙的理论。比如你说中国要做A,以达到B或C的结果。那么别人一定会问,你怎么知道做了A,就会得到B或C呢? 你如果要说服别人,就不得不动用理论和理论语言。

同样重要的是,很多时候,理论也是一种思维方式,而拥有这种思维方式对做政策研究的人来说非常重要。比如你说中国要做A,以达到B或C的结果。这时候如果我们有一定的系统思维,就能考虑到:任何一个行为不仅会产生你想要的结果,而且会带来一些你不想要的结果。(事实上,任何一个行为都会造就四对或者说八种不同结果,而且这些结果相互叠加。)这个时候,一个懂得系统思维的人,或者说一个懂得理论思考的人就能够比不太关心理论的人更好地理解政策的某些后果,特别是一些不希望得到的结果。

因此问题的关键在于,我们对战略行为的研究不应该只是停留在一些大的方针政策上,尽管大政方针是不可或缺的。许多时候,对于国家和一个行为体来说,成败都在细节。这意味着很多时候,很多细小的,或者说中层的战略理论也是非常重要的。[因此有时候我会和同事开玩笑说,如果没有看过谢林(Schelling)、乔治(George)、内德·勒博(Ned Lebow)、杰维斯(Jervis)等人的东西,那么你去理解某些战略行为肯定是有些偏差的。]

我希望自己以后的研究可以让大家看到,我一直在努力让王老师认为我的理论会是有用的。好的理论,特别是好的中层理论,都有一定的政策价值,尽管有的时候理论需要"翻译"。这不仅是因为需要将理论语言变成相对通俗化的政策语言,更是因为理论确实并不能直接拿来制定政策,至少理论需要和行为体面对的形势和情境结合。

另外,我觉得大学和其他研究机构的重要职能之一就是为政策分析人士提供好的分析框架和分析工具。这也是个非常重要的研究方向。

时殷弘①

第一次见到时殷弘老师是秦亚青老师2003年下半年在外交学院组织的一个会上。除了北京圈子里的一些大人物之外，会上云集了不少还不错的美国国际关系学者［比如约瑟夫·葛里格（Grieco）、杰夫·勒格罗（Legro），还有伊丽莎白·科尔（Liz Kier），她是乔纳森·默瑟（Jonathan Mercer）的夫人］。我有幸被秦老师邀请，去凑个热闹。

开会休息的时候，抽烟的人士只能上阳台（我极少数的不良嗜好之一）。恰好，时老师也抽烟。点上烟后立即有了共同语言。时老师虽然早就"名动江湖"，但毫无架子，还顺带鼓

---

① 我第一次见到时殷弘老师和秦亚青老师是在同一个场合。因为时老师比秦老师长一两岁，所以先写时老师了。（说实话，时老师和秦老师看起来都比我年轻。）

励了我几句，让作为晚辈的我受宠若惊又惶恐不安。

我最佩服时老师的地方有四点。

首先，时老师对历史（特别是外交史、战略史）的掌握几乎是"百科全书"一般。（这是默瑟就杰维斯对外交史把握的评价。用这样的词语来评价时老师，同样合适。）只有理解这一点，才能理解时老师为什么对某些理论不屑一顾（恐怕包括我发展的理论）。

〔可以这么说，只要一个人足够地了解历史和尊重历史，就不会有人去发展像华尔兹（1979）那样糟糕的理论。华尔兹的理论从历史层面上来看，实在是非常"弱"的。当然，这不代表华尔兹（1979）不重要。〕

其次，时老师不为名利所累，达到了一种"因学术而痴狂"的境界，体现了春秋战国时代的"侠仕"（不是"侠士"）精神。时老师面对权力照样"我本楚狂人"（其实时老师是江苏人），能奈我何。他始终不忘自己的职责，那就是为中国的强盛贡献战略知识，而无论他的见地是否和现实的政策相符。（你同不同意时老师的具体政策建议另当别论。）

时老师的身上真正体现了什么是好的爱国主义，即"持批评立场的爱国主义"（critical patriotism）。我个人以为，只有"持批评立场的爱国主义"才是好的爱国主义。"持批评立场的爱国主义"不是只会唱赞歌，而是对国家的缺点和过失也要进行建设性的批评,只有批评才能改变(类似于鲁迅和柏杨吧)。"持批评立场的爱国主义"也能够让我们更心平气和地看待别人对我们的批评:人家批评得对,我们就改;人家批评得不对(特别是侵犯我们国家和人民利益的),我们就反对。许多人认为爱国主义就是一味只说国家好,这绝对是错误的。

再有,正是因为时老师阅史无数,时老师对于中国外交讨论中的思潮变迁有非常敏锐的洞察。比如时老师对我们现在某些精英的骄傲和傲慢情绪就表现出深刻的担忧[时老师把这种情绪称为"胜利主义"(triumphalism)]。要知道,历史上强盛一时的国家(包括帝国)无数,而骄傲和傲慢通常都是它们最后犯大错误和落败的重要原因之一。无论何时,一方面我们要发现别人的缺点,也要看到别人的优点;一方面要看到自己的优点,也要看到自己的缺点。一味看别人的缺点(但不看自己的缺点)和一味看别人的优点(但不看自己的优点)一样都不行。

[比如基辛格(Kissinger)的《论中国》(英文版)对美国精英的一个提醒就是"不要(继续)傲慢地和中国打交道"。我们的问题可能是还没有足够强盛,某些精英们就开始傲慢了。]

最后,时老师是国际关系学界的真性情中人之一。因此有时老师在场的饭局你一定要留下来,最好能坐在时老师坐的桌上（如果你能挤得上的话，哈哈）。等一两杯酒下肚，时老师以平生绝学为基础的"醍醐灌顶"就开始了。此时的他一点儿也不学究，经常有特别值钱的经验和石破天惊的洞见。

比如一次席间，我问起时老师这么多年培养学生的经验，时老师立即就说："世平，你只用一顿酒就可以换到我的绝学。"（桌上的其他人立马就傻了，心想，天底下居然还有此等美事！）

我当然满口答应，说："时老师，您只要肯赏光，几顿都没问题！"果不其然，过了几天，时老师就把他的绝学悉数传授，而我的一顿薄酒还是2012年底才补上的！而且我当时让时老师点菜，时老师就全力替我省钱了。

黄仁宇

黄仁宇（Ray Huang，1918—2000）先生是我最为敬重的在海外治中国史的华裔历史学家之一（另一位是我有幸领略风采、聆听教诲的王赓武先生）。我毫不怀疑，黄仁宇先生和王赓武先生的关怀更加贴近中国的命运，因而也更为伟大。

黄仁宇先生一生坎坷，阅历无数，而他自己也承认，只有这样才有可能看到"大历史"。[为了更好地理解黄仁宇先生和他的作品，一定要读他的自传《黄河青山》。类似的，王赓武先生的一生也是跌宕起伏（可惜王先生还没有出自传）。]

我还想自信地说，我认为，即便是职业的历史学家，可能也没有人像我这么理解黄仁宇先生。一方面他是湖南人，属马（更有趣的是，王赓武、许倬云都是属马的，1930年生），参加过抗战（真正的热血男儿）；另一方面是我确确实实能够感受到他的伟大关怀的力量。黄仁宇先生以他对中国命运深刻而伟大的关怀,倾其毕生而著述出来的作品,确实有一定的"神力",关键在于你是否有足够的修为感觉到这种"神力"。

一、黄仁宇和他的《万历十五年》

毫无疑问,黄仁宇先生最伟大的作品乃《万历十五年》。而这本书的英文书名更能够传神地表达黄仁宇先生的主旨:1587,A Year of No Significance:The Ming Dynasty in Decline(Yale,1981)。而黄仁宇先生在正文的第一页便说:"当日四海升平,全年并无大事可叙……总之,在历史上,万历十五年实为平平淡淡的一年。"

黄仁宇先生是想用这样的一个"深刻的讽刺"(deep irony)来表达一个极其深刻的理解:他希望你在看完了几个类似于短篇纪实小说的人物小传后,最后才幡然顿悟出一个(恐怕黄仁宇先生自己都并没有直接说出来的)极其深刻的理解。你只有读懂了《万历十五年》,才会理解为什么两千多年的中国古代史其实没太多可研究的地方,只不过是一些改朝换代的轮回史,并没有太多新鲜的故事。所有那些看似英雄辈出,波澜壮阔、气势恢宏,金戈铁马或者太平盛世的背后,都只是同样的一个悲剧正在或者已经发生。我们能够品味良久和感慨万千的其实只是同一个故事,仅仅是故事的主人公和时空的不同而已。

（因为我会特别写一个对《万历十五年》的理解，所以在这里先卖个关子。同学们可以猜猜那个我认为恐怕黄仁宇先生自己都并没有直接说出来的极其深刻的理解到底是什么。当然，我没说我一定是对的。）①

二、黄仁宇先生的其他贡献和不足

黄仁宇先生很以他的"大历史观"为傲。我非常同意他的"大历史观"的一个方面，那就是历史的某些因果关系和缘由不是10年、20年，甚至不是50年，而是几百年，也许更长。

从一定意义上说，受黄仁宇先生的启发，我对一些历史学和社会科学的研究，把某些因果关系和缘由局限在10—20年的做法表示质疑，至少持非常多的保留意见（为了写作上的好把握，这么做只是一个工具性的理由，但不是事实上成立的理由）。

而我更愿意从更加大的时间和空间尺度去看待人类社会的变迁。比如我的《国际政治的社会演化》考察了从公元前8000年到现在的历史。[应该算是"大历史（观）"吧？]而我们

---

① 见《年年都（可能）是"万历十五年"》，《南风窗》，2014年第24期。

对现代化的重新诠释至少是以100年为单位的。

这也是我喜欢贾雷德·戴蒙德(Jared Diamond)、诺伯特·埃利亚斯(Norbert Elias)和查尔斯·蒂利(Charles Tilly)等一些拥有"大历史观"的人的作品的原因之一。他们的(某些)作品并不是那些被"后现代"批判的"宏大叙事"(meta-narrative,事实上,"后现代"所批判的"宏大叙事"通常指的是那些宏大的体系哲学),而是确确实实有相当有力的实证证据支持的科学解释。

黄仁宇先生的"大历史观"还突破了许多史学家和社会科学家太过看重大事件、大人物这样的历史观,尽管这种历史观非常符合我们的心理机制。

在具体的历史学研究方法上,黄仁宇先生也强调,一些写实性的小说中的叙述至少可能用来佐证,特别是推翻某些历史数据和推论("从'三言'看晚明商人",载《放宽历史的视界》)。事实上,对于我们理解某段历史,类似于《官场现形记》《愤怒的葡萄》这样的写实性小说甚至可能比我们现在通常用的访谈和调查得到的数据更加可靠。

当然,黄仁宇先生也是有一些不足之处的。这里仅指出两点。

首先,黄仁宇先生太过相信"地理决定论",而对制度的理解仍旧不够[比如他从未引用过刘易斯(Lewis)、诺斯(North)

对制度的讨论]。尽管他在许多地方都是在讨论制度，但他最终都不忘记强调"地理决定论"。[这很容易理解，黄仁宇先生不得不讨论制度，因为制度无所不在，只要讨论社会结果，就不可能不讨论制度！他甚至还提到了马克思主义的"上层建筑"（superstructure）和"基础建设"（infrastructure），这些其实都是制度。（见"《万历十五年》和我的大历史观"，特别是243~250页；也见"明代史和其他因素给我们的新认识"一文。）]

其次，黄仁宇先生的"大历史观"透露出的"历史的必然性"过于强烈。他并没有想过，他的这种理解可能只是太过了解中国历史，却对世界史不足够了解的一个体现。他没有考虑到这样一种可能性：面对中国历史，我们时常会有强烈的"历史的必然"的感觉，但这可能只是反映了这样一个事实：在一个持续的坏制度下，力挽狂澜总是困难的，因为狂澜下是更加强大的暗流。但是在一个好的制度之下，历史的必然性可能会大为削弱，尽管还是会有让人无力回天的时刻。

[因此我一直说，如果你只读中国历史，你永远读不懂中国历史。我认为，中国所有受过一定教育的人士，都需要更加了解世界史（而不仅仅是大家都能品头评足一番的中国史），才能更好地理解中国历史本身。这也是为什么我不遗余力地强调比较，特别是有效的比较！]

本文讨论的主要参考书目：

黄仁宇:《万历十五年》(增订本),中华书局,2007年。

黄仁宇:《放宽历史的视界》,生活·读书·新知三联书店,2001年。

黄仁宇:《黄河青山:黄仁宇自传》,生活·读书·新知三联书店,2001年。

秦亚青

首先,我需要向秦亚青老师表达我的诚挚歉意。2012年12月初,我就对秦老师进行了"录音专访"。之后一直就想把对秦老师的理解写出来,可是要写的东西总是太多,因此一拖再拖,实在抱歉。

其次,由于秦老师的事迹太多,因此关于秦老师的"学术感恩"也会比较长,加上我对他从一个"实证主义者"(positivist)到一个"建构主义者"(constructivist)的转变有特别的兴趣,放在一起会不太协调。因此关于秦老师的"学术感恩"将会分为两个部分。下一个部分,将特别讨论秦老师从一个"实证主义者"到一个"建构主义者"的转变。①

(为此秦老师特意给我安排了一个"录音专访",就这个

---

① 关于秦老师第二部分的文章,尚未完成。

问题聊了一个多小时。另外,从"知识的社会学"角度对秦老师的转变感兴趣的人也不止我一个,至少还有中国台湾大学的石之瑜先生。)

[特别说明:说秦老师从一个"实证主义者"变成了一个"建构主义者"不代表"建构主义者"不可以是"实证主义者"。事实上,我认为不少"建构主义者"还是"实证主义者",这也包括秦老师。秦老师甚至要比弗里德里希·克拉拖赫维尔(Friedrich Kratochwil)、奥努夫(Onuf)、温特(Wendt)等人更加接近"实证主义者"以及"科学实在主义者",因为秦老师一直强调实证研究,他本人好像说过,他受克拉拖赫维尔的影响比较深。众所周知,我个人认为"科学实在主义"更好。]

一、对秦老师的基本评价

秦亚青老师在中国国际政治学界的领军地位是毋庸置疑的,而秦老师也一直知道我是他最铁杆的粉丝之一,所以我就不再重复某些不必要的赞誉之词,直奔主题了。在此之前,我只想说,秦老师是我见到过的真正的谦谦君子之一。

在他那一代人中,秦老师是极少数,甚至可能是唯一一位做到了以下四点的中国国际政治学者。

(1)对主要的西方国际政治理论有相当深入的了解。

（2）对西方国际政治理论背后的知识基础也有相当的了解。

（3）对西方国际政治理论有社会科学哲学意义上的反思。（在这一点上，秦老师要比许田波和康灿雄都做得好。）

（4）在以上三个基础上，对发展中国的国际政治理论有切实的尝试。

因此我觉得，目前关于国际政治理论的"中国学派"或者说是为"中国的国际关系理论"作出努力的只有秦老师这一脉有点儿希望，尽管他们目前的进步也还是不够的。

平心而论，和秦老师比起来，我们许多的中青年学者对西方国际政治理论只知道个皮毛，不求甚解，更谈不上了解西方国际政治理论背后的知识基础了，而从社会科学哲学意义上对西方国际政治理论进行反思就更是缺乏。因此我觉得我们的许多中青年学者动不动就谈"发展国际政治理论的中国学派"，基本上是口号或者附和，有点儿近乎痴人说梦。因为他们恐怕连秦老师一半的努力都作不到，更谈不上秦老师一半的功力了。

［特别说明1：我这么说绝对不是认为我们要膜拜西方国际政治理论。大家都知道，我不膜拜它们。事实上，我一直在追求超越，而且觉得不少西方国际政治理论（学者）其实水平一般。我这么说是我认为，要想超越，另立门户，必须懂得别

人的努力和成就。就像发展"独门武功",你总要知道不少其他门派的武功吧,否则发展出来的独门路数,恐怕根本接不了几招。其实所谓的"独门武功"都是建立在对其他门派武功的研修以及兼容并蓄之上的独创,而不是完全从一张白纸上重来。这体现了知识进步的基本事实和道理。]

[特别说明2:赵汀阳先生的"天下"只是一个"形而上学",或者说是"道义哲学"意义上的概念。因此"天下"这一概念要想真正对国际政治理论有所影响,必须走到实证层面和中层理论层面。目前看来,这方面的努力几乎没有(这方面,我们不能指望赵汀阳本人),因此"天下"这一方向的前景至少也是不明朗的。]

[特别说明3:我一直认为,我们不能苛求比秦老师他们那一代更早一代的中国国际政治学者。他们那个时代的各种约束实在太多,而他们接触西方理论时年纪都已经太大,精力和体力可能都已经不太够,只能尽快介绍过来,让我们这些后生晚辈去仔细研读了。即便如此,他们对中国国际关系领域的贡献也是奠基性的。每一代人有每一代人的任务或者使命吧。]

二、秦老师的具体贡献

秦老师的贡献是巨大的，也是多方面的。以下五个方面只是我认为他最重要的贡献。

（1）以身作则，追求好的学问和作品。在无比繁重的行政工作重压之下，秦老师作品的质量和数量那是有目共睹的。（因此我说，许多晚辈学子恐怕连秦老师一半的努力都没有。）

（2）真正消除了我们许多人（特别是一些对"国际政治理论"比较功利人士）的一个误解：搞国际关系（理论）研究，那就是为国家出谋划策，除此之外的任何东西都是无意义的。而秦老师努力地告诉大家：理论本身就有价值，也是一个好的学者应该追求的，因为理论可以名垂青史。〔套用爱因斯坦的话，"方程式是永恒的。"（An Equation is something for eternity.）〕当然，确确实实，某些时候，某些理论（通常是中层理论）对于政策的制定是有帮助的。

（3）翻译了许多部重要作品。在中国的国际政治学界，秦老师在翻译上的成就，无论是数量和质量，恐怕都是无人能及的。而且在翻译的过程中，秦老师对原作者和原著的理解就大大提升了。这一点从秦老师的译序水平就可以看出来。这样的一个过程显然有利于秦老师日后的理论发展。（许多译者可能连原著都没太读懂，就开始翻译，其结果可想而知。我觉得所有的译者都应该向秦老师学习。)

（4）真正在探索"中国的国际关系理论"（"中国学派"）上作了一些切实的努力。尽管秦老师和他的学生们的努力是否已经足够，仁者见仁智者见智，但是他们确实努力了。这和许多人只是在扯着嗓子喊"发展中国学派"的修为，高下立见。

（5）让外交学院成了"建构主义"在中国的大本营。这一点大家都有目共睹。

三、遗憾

我觉得秦老师总还是有些遗憾吧。以下三点是以我的偏好带来的批评。

（1）过于宏观。无论是他早期以定量为主要技巧的"实证主义"时期，还是他后来的"（过程）建构主义"时期，总体来说秦老师的研究都是相对宏观的。（尽管秦老师还翻译过杰维斯的名著——《知觉与错觉》。）不知道是否是因为过去几十年通常是大（结构主义）的理论在国际政治中更受关注这个原因，还是因为秦老师认为微观和宏观不容易契合。而我一直认为，更好的境界应该是两个层次都有所兼顾，比如埃利亚斯的《文明的进程》。

（2）从学生培养上来说，我觉得秦老师可能对他的学生不敢不做"建构主义"的"自我选择"批评得不够。我毫不怀疑秦老师想发展"（过程）建构主义"（作为中国的国际关系理论的一部分）的初衷之一便是打破某些学派的垄断。可惜，可能在中国目前的师生之道的约束下，学生自动就追随老师了。因此绝大部分秦老师的学生纷纷都成了"（过程）建构主义者"。[我个人认为，"建构主义"（constructivism）是一个有不少先天缺陷的学派或者取向（approach）。当然，其他的几个主义也一样有先天缺陷。]

（3）我打心底里认为，秦老师其实是个学问人，并不喜欢行政工作。因此秦老师的另一个遗憾可能是行政事务对他的学术干扰太多。这其实是秦老师是为了外交学院和中国国际关系领域做出的巨大的自我牺牲。因为秦老师深知，如果他没有一个行政头衔，无论他有多优秀，都不会有在学界的领军地位，因而也就不可能改变中国国际关系领域的风气和面貌。这一点是秦老师的无奈——没有行政地位，你等于什么都没有；你有的只是你心目中的"青史留名"，但那又有什么价值呢？

四、秦老师和我

秦老师当然是如雷贯耳的人物。不过我第一次见到秦老师已经是比较晚了。

第一次正式见到秦老师应该是2003年末。秦老师在外交学院组织了一个会，来了不少颇有地位的美国学者，比如约瑟夫·葛里格、杰夫·勒格罗、伊丽莎白·科尔、伊蒂尔·索林根(Etel Solingen)等。因为没有要求提交论文，我去凑了个热闹，开始和勒格罗、索林根做些交流，学到不少东西。

见过秦老师后，就开始"剥削"秦老师。2004年，我请秦老师来给社科院亚太所的一些青年学者做一些关于国际政治理论研究方面的科普，并且介绍一些他自己的研究和心得。可让秦老师大老远大清早来一趟，我却只能给秦老师500元的辛苦费。(这件事情，实在是晚生的罪过!)而秦老师仍准时驾临，和亚太所的年轻人交流甚欢，还不忘勉励我们几句。真正的谦谦君子!

［那个时候，我一年只能支配5000元的经费。5000元是我们这个研究室当时一年的机动学术经费，只能用来开一个小会(我记得那时候，一般会议的车马费大概最多300元)、弄几个小的讲座。直到我离开中国社科院之前，社科院的待遇实

在是太惨了，人才流失也就可以理解了。]

　　先写到这儿。对秦老师本人、他的学生以及他们的努力，如有冒犯，只能希望他的学生海涵我的无知和无礼。(我知道秦老师肯定会原谅我的无知和无礼。)

阿米塔夫·阿查亚①

　　毫无疑问，在我的职业发展（professional development）过程中，阿米塔夫·阿查亚（Amitav Acharya）对我成长的提携是仅次于张蕴岭所长的。张蕴岭所长给了我从自然科学领域转到社会科学领域之后的第一个工作，而阿米塔夫给了我第二个工作。他们两位对我的提携、支持和鼓励，是我能够在学术上有点成就的最为直接的原因之一。非常重要的是，张蕴岭所长和阿米塔夫不仅因为学术交流而早就认识，而且两人对亚洲安全的一些事务的处理方式也有非常接近的见解（他们不仅强调合作安全，而且都是既强调传统安全，又强调非传统安全）。因此毫不奇怪，我第一次和阿米塔夫的接触也是

---

　　① 阿米塔夫的个人网页（高度推荐，信息量丰富）：http://www.amitavacharya.com/，阿米塔夫的维基条目（WIKI entry）：http://en.wikipedia.org/wiki/amitav_Acharya。

张蕴岭所长给我的机会。

一、阿米塔夫和我的职业生涯

2002年我5月份在接到去宁夏外经贸厅（现在叫商务厅）挂职的消息后，我就觉得必须在此之前（挂职于2002年10月正式开始）找个地方把我当时想写的一些东西写出来。因为我当时的想法是，也许以后变成一个官员，就再没有机会把这些东西写出来了。

因此通过张蕴岭所长、德斯加大使（战略与防务研究所当时的所长）与阿米塔夫（他在2001年刚刚成为战略与防务研究所负责研究的副所长，那一年，他才39岁）联系，我获得了去当时的南洋理工大学战略与防务研究所访问一个月的机会。而那一个月恐怕是我迄今为止最高产的一个月之一。在那一个月里，我基本完成了"国家安全环境的系统理论"的英文版写作。尽管我后来意识到这篇文章中对"攻防理论"的理解是错误的，但在当时，这是我发表的第一篇英文（国际关系）理论文章，而且还是《战略研究杂志》（*Journal of Strategic Studies*）的开篇文章。在那一个月里，我还写了好几篇英文的短评，发表在新加坡的《海峡时报》（*The Straits Times*），因此有机会认识当时的《海峡时报》的特约编辑（editor-at-large）

冯元良先生（Leslie Fong），并且和冯先生结成了忘年之交。

期间，我自己还要求去新加坡国立大学的东亚所（East Asia Institute，EAI）做了一个讲座。而因为这个讲座，我能够有幸认识大历史学家——王赓武先生。（此前，我已经提到过，王先生在我的讲座后提出的一个问题，是对我最重要的鞭策之一。）当然，我这一个月的短暂访问也让阿米塔夫和当时的战略与防务研究所所长德斯加大使对我有一个好的印象。

（在此，我再一次强调我的一个人生座右铭："把每一次机会都当成最后一次。"）

从宁夏挂职回来之后（2003年10月），我知道我不会从政了，因而对以学术为职业生命的大方向更加坚定。从那时起，我开始着手写我计划中的大部头英文专著了。（从那时候开始，我就知道我后来的绝大部分作品将首先是英文作品。）而当时感到迫切需要一个资料充沛的地方开始为我的写作做准备。因此我又找到一个机会去新加坡。这一次得到了王赓武先生的首肯，到新加坡国立大学的东亚所做为期4个月的访问（2005年4—7月）。在这段时间里，我正式开始积累、阅读、消化大量的材料，为我的《国际政治的社会演化》一书做准备（当然，我最开始也只是想写出一本书，后来发现内容越来越多，只好写出三本书）。

而我2005年在新加坡国立大学东亚所做访问学者的时

候,通过和阿米塔夫联系,到国际关系学院(那个时候还叫战略与防务研究所,不过很快就改名了)做了一个讲座,介绍我的国际政治的社会演化理论(即从米尔斯海默到杰维斯的那一部分)。当时我的研究只是刚刚开始,但阿米塔夫对此印象深刻,颇为赞许。而这时候,恰好战略与防务研究所(后来的国际关系学院)原来的一位研究中国外交安全的同事要离开,阿米塔夫就问我,有没有兴趣来战略与防务研究所工作。

那时候我还是想去P大,而且好像有点眉目(后来当然是没有去成P大,因为P大的事情实在太复杂),因此我没敢直接答应阿米塔夫去战略与防务研究所待太久。我说,先做个访问学者吧。阿米塔夫和德加斯就说,先给我一个两年的合同吧,愿意待一年可以,两年也行。我说,好吧。(因为当时没把这个当成长远之计,我也没有在薪水上过于讨价还价,大概每年至少亏了8000美元~10000美元吧。损失惨重呀!)

后来等我回到国内,发现去P大的难度非常大,所以只好别无选择地去了国际关系学院。

当时的国际关系学院对于新来的教员,第一年没有教课要求,这使得我有足够的时间去阅读和写作。因此2006—2007年是我非常多产的(productive)一年(尽管作品发表的喷发要到2008—2009年才开始,这是因为发表英文作品通常非常慢的缘故),从此便一发不可收拾了。

二、阿米塔夫和"全球国际关系学"(Global Inter-national Relations)

在推动"全球国际关系学"上,阿米塔夫做出了奠基性的贡献[最开始是和巴里·布赞(Barry Buzan)一起]。而我认为,这一起点要比"发展中国学派"更加高远,因为真正体现了"百花齐放,百家争鸣"的科学精神。科学的发展需要多样化(diversity),或者说是观念上的突变。

因此阿米塔夫也属于那种做到了改变世界(一点点)的人:阿米塔夫不仅是国际研究协会历史上第一位亚洲裔的主席,也是国际研究协会历史上第一位非欧美人士的主席。而他一直致力于推动"全球国际关系学"的发展。他的国际研究协会"主席演讲"(ISA presidential lecture)就是关于"全球国际关系学"。

他和我一样,都不想只是让我们的理论和实证努力成为西方的附庸:我们要在懂得西方的基础上,超越西方。只有这样的努力才值得,包括问题本身的多样化(目前"中国学派"的特殊性主要集中在这里)、多样性的数据(data)、多样性的方法(但仍旧是有方法的)、多样化的理论结果。

(如果你不想改变中国乃至世界的社会科学,那你最好不要做了，因为会挺没劲的。）

阿米塔夫正式发表在《国际研究季刊》（International Studies Quarterly，2014年第1期，1~14页）以"全球国际关系与区域世界：一个国际研究的新议题"〔Global International Relations（IR）and Regional Worlds：A New Agenda for International Studies〕为题的"主席演讲"中，他还特意对"中国学派"目前的某些努力作了如下评价（第5页，脚注）：

我对国家或地区关于国际关系学派的鉴别是，它们不仅要提供那个国家或地区对国际关系概念和研究方法的解释，还要提供更多内容。换句话说，它们至少在一定程度上是适用于整个世界的。例如英国学派与哥本哈根学派尽管存在偏见和局限性，但它们提出的概念，如"国际社会""安全化"都具有广泛的适用性，真正地超越了英国、欧洲其他国家和世界其他地区的学者。再如通过对关于民族主义的研究，东南亚专家本·安德森提出的"想象共同体"概念，不仅只是在印尼语境中的有力反映（安德森，1983；《学者》，2014b）。我们可以接受的是，国际关系学的"中国学派"必须提供超越中国或东亚，与之相关联的概念和解释，而不是简单地描述中国的国际行为或东亚国际体系。[1]

　　我认为阿米塔夫对这个问题的理解一针见血。简单地说,目前"中国学派"的影响仅仅局限在中国学者本身,以及极少数对这个讨论感兴趣的外国研究中国问题的专家。(据我的不完整统计,对这个讨论感兴趣的外国研究中国问题的专家也不是很多。)

　　我和阿米塔夫一样,认为作为一个社会科学家,除了对你自己的国家了解之外,你应该至少了解一个世界上主要的地区(比如东亚,或者至少东北亚、东南亚、中东等),否则你

---

　　[1]　英文原文:My test for national or regional "schools"of IR is that they must offer concepts and approaches that explain IR not only in that particular country or region,but also beyond. In other words,they must be applicable,at least to some degree, to the world at large. For example,the English School and the Copenhagen School,despite their biases and limitations,has offered concepts such as "international society,"or "securitization," respectively,which have genuinely broader applicability beyond the UK or Europe and are used by scholars in other parts of the world. Other examples can be found in Southeast Asian specialist Ben Anderson's analysis of nationalism as "imagined community,"a concept,which reflected a strong,if not exclusively Indonesian context (Anderson 1983;Acharya 2014b). To be credible,a Chinese School of IR must offer concepts and explanations that have relevance beyond China or East Asia, rather than simply capture China's international behavior or the East Asian international system.

肯定是一个视野狭窄的"老土"，肯定做不出太好的社会科学。〔某些人士，即便是纯理论的人士，我不认为他们很"牛"，即便他们名声很大，我也不觉得他们好，因为他们对世界实在是不太了解，这其中包括詹姆斯·费伦(James Fearon)、亚历克斯·温特(Alex Wendt)这样的人士。〕

我从未满足于只了解中国和美国，在我短暂的社会科学正式训练中，我选的课除了理论，主要就是区域研究(regional area studies)：东北亚、东南亚、南亚，然后自己学习一点儿中亚和俄罗斯。

高度推荐阿米塔夫的这篇"主席演讲"：该文是一篇充满激情而有力的文章，旨在重塑国际关系研究。(A powerful and passionate essay that seeks to re-shape International Studies/International Relations.)

三、阿米塔夫的学术贡献

毫无疑问，阿米塔夫的成名作是《建构安全共同体：东盟与地区秩序》(*Constructing a Security Community in Southeast Asia, Routledge,* 2001)。这本书不仅已经成了研究二战后东南亚史学和国际政治的必引书目，也是实证建构主义研究领域的重要著作。〔我这里特别强调"实证建构主义"，以区别温

056

特完全没有实证基础的建构主义。我认为后者是不太可取的，就像现在还有人在凭空讨论"结构—能动者、结构—行动"（structure-agent、structure-agency）一样地无趣。］

这本书从一个实证建构主义的角度，考察了东南亚地区从1945年后的"构建制度化的地区和平"（institutionalizing regional peace）的过程。本书的结论也支持我的《国际政治的社会演化》的第四章的结论：通常一个地区的制度化和平的进程是在大规模战争结束后才开始或者加速的。对东南亚来说，重要的转折点是1966—1967年的印尼—马来西亚对峙，以及1979—1989年的越南—柬埔寨战争的结束。冷战的结束和1997年的金融危机是加速器。

［他的这本书在劳特里奇出版社（Routledge）出版也同样表明我以前说过的，不能以出版社论著作的水平。学术圈里的关系网远比大家（特别是年轻人）想象得重要，甚至重要得多。］

此后，阿米塔夫最重要的著作是2009年于康奈尔大学出版社（Cornell）出版的*Whose Ideas Matter?: Agency and Power in Asian Regionalism*。这本书的贡献在于挑战那种西方中心主义的建构主义：非西方地区基本上就是接受西方的价值观和理念（norms & ideas）。这和阿米塔夫（2000）很早就批判过的西方国际关系理论中西方中心主义的文章一脉相承。［很显然,阿米塔夫的这本书能在康奈尔大学出版社出版,其学术水准当然要够,而且此时,他的声望和地位都远远高于2001年的他。此外,彼得·卡赞斯坦(Peter Katzenstein)是这个系列的主编,他是强调实证的建构主义者,这也是很重要的因素。(年轻人,"关系"重要呀!)之后,彼得·卡赞斯坦主编的这个系列还出版了阿米塔夫早年的《政治诉求:东南亚国际关系》(*The Quest for Identity:International Relations of Southeast Asia*)的新版本。]

而因为阿米塔夫对东南亚的熟悉程度,以及他对东亚地区和他的故乡(南亚)的联系和了解,阿米塔夫对亚洲安全的理解也有许多见解。

2014年,阿米塔夫出版了一本小册子——《美国世界秩序的终结》(*The End of American World Order,London:Polity*)。我很喜欢这本书。在这本书里,阿米塔夫对以美国为中心的世界秩序的观察有很多好的见解。

阿米塔夫获得的荣誉无数(他最近的简历足足有25页),大家看他的简历就知道了。

应该说,尽管阿米塔夫非常多产,但他的学术贡献稍显单薄。一方面,他的研究视角基本上是建构主义,而对其他所谓的主义的文献相对不那么理睬。另一方面,他的研究深度也不太够,聚焦的问题相对有些浅(因此解释起来不那么费劲）。当然，这些缺陷都不能否定他是一位极其优秀的学者，对国际关系做出了突出贡献，推动了国际关系的"全球化"。

四、阿米塔夫的主要作品（没有完全列出）

（1）Acharya, Amitav, "Ethnocentrism and Emancipatory IR Theory", In (*Dis*) *Placing Security : Critical Evaluations of the Boundaries of Security Theory*, eds., Samantha Arnold and J. Marsha Beier, Toronto : Center for International and Security Studies, 2000, 1–18.（我很喜欢这篇文章。）

（2）Acharya, Amitav, *Constructing a Security Community in Southeast Asia : ASEAN and the Problem of Regional Order*, London : Routledge, 2001.

（3）Acharya, Amitav, "How Ideas Spread : Whose Norms Matter? Norm Localization and Institutional Change in Asian Regionalism", *International Organization*, 2004, 58(2):239–275.

（4）Acharya, Amitav, "The Emerging Regional Architecture of World Politics", *World Politics*, 2007, 59(4):629–652.

（5）Acharya, Amitav, *Whose Ideas Matter? Agency and Power in Asian Regionalism*, Ithaca, N. Y.: Cornell University Press, 2009.

（6）Acharya,Amitav,"Power Shift or Paradigm Shift:China's Rise and Asia's Emerging Security Order",*International Studies Quarterly*,2012.

（7）Acharya,Amitav,*The Making of Southeast Asia*,Ithaca, N. Y.:Cornell University Press,2013.

（8）Acharya,Amitav,*The End of American World Order*, London:Polity,2014.

（9）Acharya,Amitav,and Barry Buzan,eds.,*Non-Western International Relations Theory:Perspectives on and beyond Asia*, London:Routledge,2009.（推动"全球国际关系学"的缘起。）

他参与的编著很多,此处不再列举。

中篇

『我所理解的学者』系列

罗伯特·杰维斯（一）

本文是为了表达我对罗伯特·杰维斯（Robert Jervis）的尊敬，没有要拉他做大旗的意思。我的目标是站在他的肩膀上超过他，而不仅是追随。我们对任何人都不应该膜拜。

我想告诉大家最重要的东西是：真正的大师对晚辈非常地提携。

在国际关系领域，如果只列出在20世纪成就是大师水平的三位大师，我会列出杰维斯、基欧汗（Robert Keohane）和华尔兹。

我和杰维斯的交往始于1998年下半年。那时候我刚刚接触国际关系不久，对这个学科的了解非常少[我记得那时候我只知道摩根索（Morgenthau）、基欧汗、谢林、沃尔弗斯（Wolfers）、基辛格、布热津斯基（Brzezinski）少数人的工作。我知道一点点厄恩斯特·哈斯（Ernest Haas）、华尔兹、罗伯特·鲍威尔（Robert

Powell)、劳拉·泰森(Laura Tyson)、巴里·艾肯格(Barry Eichen-
green)、约翰·齐斯曼(John Zysman),多半也是因为我上过或
旁听过他们的课]。那时候,我们当然都会读到杰维斯的《信
号与欺骗:国际关系中的形象逻辑》(*The Logic of Image*,
1970)、《国际政治中的知觉与错误知觉》(*Perception and Mis-
perception in International Politics*,1976)、文章《安全困境下
的合作》("Cooperation under the Security Dilemma",1978)、
文章《对威慑理论的再评估》("Deterrence Theory Revisited",
1979)、《心理学和阻吓》(*Psychology and Deterrence*,1985)、
《美国核战略的非逻辑性》(*The Illogical and of American Nu-
clear Strategy*,1984)、《核革命的意义:治国之道和世界末日
的可能》(*The Meaning of the Nuclear Revolution:Statecraft
and Prospect of Armageddon*,1989)等著作,不过当时让我有
和他联系的冲动是那时候他刚刚出版的新书《系统效应》
(*System Effects:Complexity in Political and Social Life*,1997,
李少军等译,上海人民出版社,2008年)。我认为这本书很好:
这是一本每个研究复杂体系的人(包括人类社会这一恐怕是
最为复杂的体系)的必读书,而且其影响显然不再局限于国
际关系领域。[不过我那时候对一些同学提起这本书的时候,
他们都不以为然。他们的问题是:(书中的)理论在哪?]

  [我一直认为《系统效应》是杰维斯的巅峰之作,书中百

科全书式地旁征博引让人叹为观止。杰维斯本人也同样认为这本书是他"最有趣的"(most interesting)作品。]

那时候我已经对国际冲突中声誉的一些讨论（比如谢林、费伦、默瑟当然还有杰维斯本人)有了一些模模糊糊的质疑和想法，因此我就心怀崇敬地给杰维斯写了个电子邮件。信的内容可想而知：我先是表达了作为一个晚辈对他的尊敬[尽管那时我对他的影响力并不完全了解，甚至不知道他是加州大学伯克利分校毕业的博士(Ph.D.)]，然后是希望他日后能够给我一点儿指点。老先生很快就回了信，信的内容也可想而知：他先是谢谢我的致意，然后就说他很忙，不见得有时间。

1999年我回到中国社科院亚太所工作。到了2001年，我终于写成了我的第一篇理论长文《安全环境的系统理论》("A Systemic Theory of Security Environment")。文章先投到《国际安全》(International Security)，审阅后被拒绝了。之后听从勒博的指点，投到了《战略研究杂志》，很快被接受了[文章最后发表在Journal of Strategic Studies, Vol.27, No.1, March 2004, pp. 1-34，是作为开篇文章(lead article)发表的]。

[现在看来，我当时的这篇文章对"攻防理论"(offense-defense theory)的理解远远不够，致使文章有相当多的缺陷。不过对其他几个因素的讨论我认为依旧是有效的。我后来对

"攻防理论"更加深入、细致的批评,见我的"Offense-defense Theory:Toward a Definitive Understanding"(发表在 *Chinese Journal of International Politics*,Vol.4,No.2,Summer 2010,pp. 213-260)。也请参阅徐进的文章"进攻崇拜:一个理论神话的破灭"(发表在《世界经济与政治》,2010年第2期)。徐进和我的文章基本上将"攻防理论"钉死在棺材里了。〕

由于"安全环境的系统理论"一文显然受到了杰维斯的系统思维的影响,因此我自然想将文章献给他。于是我写信给他,希望他能够同意。我很荣幸他同意了。

后来的一次交道是因为我的第二篇理论文章"Reputation,Cult of Reputation,and International Conflicts"(*Security Studies*,Vol.14,No.1,2005,pp.34-62)。文章也是先投到《国际安全》,审阅后被拒绝了。修改后,我投到了《安全研究》(*Security Studies*),文章被接受了。文章发表后,杰维斯写了一个邮件给我,说文章不错(尽管文章中对他也有批评)。我后来看看其中一个审阅者的评语,感觉是他写的(我当然也要遵守匿名评审的规矩,没有向他证实这一点)。我猜从这篇文章起,他大致觉得我的工作还不太差。

2008年,那时候我在新加坡的南洋理工大学(Nanyang Technological University,NTU),所以有钱能够去国际研究协会开会(在旧金山)。这次去开会的主要目的之一便是拜见他。我们约了一个时间,我请他喝了一杯咖啡(也许是巧克力),聊聊天(主要谈各自的工作)。他问起我的学科背景,我大致说了一下。他说:"哦,原来是这样的。"(稍稍自我吹嘘和嘲笑一下:我其实走了很多弯路,浪费了很多机会。这大概是我努力的原因之一吧。)

在和杰维斯的交往中,最让我感动的是他对晚辈,而且是一个从未谋面的晚辈(我们共通了10年电子邮件,直到2008年见面)的鼓励和提携。他在百忙之中能够对我的好多篇文章如此仔细地阅读并给出详细的意见,不仅让我感动,说实在的也很让我有点吃惊。

从他的身上,我感到的是真正大师级学者的谦和。我想对他的最好回报莫过于自己努力做好工作,而同样对我的晚辈给予力所能及的支持和鼓励(当然,严格要求同样需要)。

也许是我的许多工作都和杰维斯的工作有点儿关系,2010年,我很荣幸收到了*Classics of International Relations*一书的主编的邀请,让我针对杰维斯的《国际政治中的知觉与错误知觉》(1976)写一个面向本科生的回顾性和展望性的导读,我在征得杰维斯的同意后,便答应了。尽管我没有那么荣幸能够成为他的正式学生,但他是我真正的导师之一。写这样一个导读,恐怕也是表达我对他的敬意的最好方式了吧。

(关于我对《国际政治中的知觉与错误知觉》的理解和评

价,我只能在那篇长文中展开了,见Classic of International Relation,Routlege,2012。)

2010年是杰维斯的70岁生日。他的学生和过去的同学、同事为他办了一个隆重的学术研讨会,将出版一个纪念文集(Festschrift)。活动的新闻见http://www.ipw.unisg.ch/org/ipw/web.nsf/SysWebRessources/news_poster_conference-jervis-2010/$FILE/Poster_Jervis_final_v2.pdf。

关于杰维斯本人的学术经历和他的自我批评与反思,最好是看对他的采访:

"Logics of mind and international system: a journey with Robert Jervis", *Review of International Studies*, Vol.30, No.4, Sept. 2004;

"Conversation with Robert Jervis", part of the "Conversation with History" series, 2005, http://globetrotter.berkeley.edu/people5/Jervis/jervis-con0.html。

最后,我想再次强调,我们对任何人都不应该膜拜。我想,这也是杰维斯希望的。

罗伯特·杰维斯(二)①

首先特别感谢(尹)继武组织"《信号与欺骗》暨杰维斯政治心理学思想会主题书评会"这么一个活动,也非常感谢徐进翻译这本书。徐进做了一件功德无量的事情。加上这本《信号与欺骗》,杰维斯最高水平的三本书(另外两本是《国际政治中的知觉与错误知觉》《系统效应》)都翻译过来了。在欧美的学者中,这应该算是比较多的了吧。

我大概会讲五个部分的内容,有些可能是和大家的学习有关,有些是我对他的理解,有些是我对其他学者的评价或者批评。[比如说我为什么说詹姆斯·费伦的很多发展性观点是错误的,我猜杰维斯也是这么认为的。我其实一直想写一

---

① 本文的简明版发表在《澎湃外交学人》,链接为:http://www.thepaper.cn/news detail_forward_1666791。

篇关于批评费伦1995年的《战争的理性主义解释》（"Rationalist explanation of war"）的文章。我认为他的文章存在根本性缺陷（fundamentally flawed），但是一直也没空儿，好多事情都耽搁了，而且我现在确实在国际关系研究上花的时间有点儿少。］

一、世间再无杰维斯（之一）

首先，我想说的是，我们现在的时代已经不大可能产生杰维斯了，就像我们现在不大可能产生肯尼斯·华尔兹一样，他们都是特定年代的产物。在今天北美的政治学界，他们的写作风格和具体做法都很难生存。在如今，我们都是一个一个的中小理论，几个实证假说，然后就是一堆验证，不管你是用何种方法。

因此20世纪的60年代一直到80年代恐怕真是国际关系理论的黄金时代，有很多重要的学说或者大的理论涌现。现在则是生不逢时，这一方面是难以发展出强大的大理论，另一方面是我的那本《国际政治的社会演化》也许是"最后的（关于国际政治的）大理论"，因为它基本解决了几个大理论或者几大范式之间的争辩。我要强调，我写那本书的缘由并不仅仅是要解决某些争辩，而同样是源自一个真实的社会事实,那就是国际体系中战争的频率和国家数量的变化。事实上,杰维斯在2000—2001年做美国政治学会主席的时候,他的"主席演讲"就是"Theories of War in an Era of Leading-Power Peace"。也就是说,在大国和平时代,我们还研究战争干什么。当然,他不是唯一注意到这个深刻变化的人。

其次,我想大家也都已经认识到的,现在的社会科学非常强调方法的训练。而像杰维斯这一代人其实基本上没什么方法,他后来的一些著作可以说有一点儿方法,但主要的风格仍旧是说一个理论点,然后用几个例子来佐证,不断地跳跃。现在我们不大可能像杰维斯一样发表他那样的东西。如今的时代,这样的东西你投到任何杂志,基本上编辑直接就给你毙了,认为这样的东西完全没有科学方法。

二、世间再无杰维斯(之二)

接下来我想说的是,我们都不大可能成为杰维斯的另一个原因是,从天赋上来说,只有极少数的人可以成为杰维斯。杰维斯是1940年生人。我认为在他的同龄人中,可能只有内德·勒博接近他的水平,只是他们做事的方式不一样。杰维斯更多的是发展理论,而对实证没有太多兴趣。相比之下,勒博更接近我们今天对方法的要求。[勒博1981年的《在和平与战争之间》(*Between Peace and War*)是一本经典的著作。在国际关系界,他是最早的几位运用扎实的比较案例来研究国际危机的。在当时的国关圈,勒博的做法是非常少见的。]

杰维斯有四个主要的导师,其中的一位是厄恩斯特·哈斯,杰维斯说他一直不喜欢哈斯的研究,因此他自己说他最重要的导师是格伦·斯奈德(Glenn Snyder)、欧文·戈夫曼(Erving Goffman,当年在伯克利),以及谢林。所以首先杰维斯有非常伟大的老师。戈夫曼和谢林当然都是大家、大师级的人物。斯奈德和哈斯可能稍微差一点儿,但是影响也挺大,他们至少都对欧洲非常了解。特别是哈斯关于民族主义的研究也还不错。

除了天赋和导师之外,恐怕还要加上学术野心或者抱负。

我猜,当杰维斯想到他的博士论文问题的时候,他自己一定知道他会是一位优秀的学者,而他的老师也肯定知道这一点。说到这,我觉得大家在想选题的时候,还是应该想点有野心的题目,不要做太没有野心的题目。那样的东西做出来了,大家也不看,或者至少不会被记得。我们可以想象,即便杰维斯就是只写出了被翻译过来的这三本书,大家也一定会记得他的工作。绝大部分的书是没人记得的,因为太平庸了。我觉得一个人一辈子至少应该努力写一本好书,按照写《白鹿原》的那个作者陈忠实说的,可以"放在棺材里当枕头"。

三、杰维斯的学术脉络

第三个部分我会稍微讲得详细一点儿,主要讨论他的学术脉络。

要理解杰维斯这样的人的学术研究,你不能只是读了他的一本书、两本书,最好你都读过,然后你还读过他的某些文章,这样才能够比较全面地理解他的理论。杰维斯的东西不像米尔斯海默的作品(也许是头脑)那么简单。所以如果你们觉得米尔斯海默的著作是你们最喜欢的作品,一定要调整一下方向。

其实将杰维斯迄今为止所有作品连起来的东西就是两个,一个是政治心理学,另外一个(也许大家都想不到)就是对现实世界的关怀,或者说是对冷战的关怀。后者主要是对冷战中中美苏之间的"阻吓"(威慑,deterrence)以及合作的可能的探讨。这两条线是相互交织的,所以他对"阻吓""强迫"(compellence)的理解是超过一般人的。

比如大家可能知道,杰维斯还有其他三本重要的著作。其中一本是和勒博、珍妮诗·斯坦(Janice Stein),以及杰克·斯奈德(Jack Snyder)合写的《心理学和阻吓》。这本书考察了比如马岛战争、以色列和埃及之间的阻吓等案例。而他的另外两本书，其中的一本是《美国核战略的非逻辑性》。这本书主要是批评当时美国的核战略，尤其是保罗·尼兹（Paul Nitze）主导的"要准备好打核战争而且要赢"的美国核战略。之后，1989年杰维斯也写了另外一本书，《核革命的意义：治国之道和世界末日的可能》。这本书还获得了1990年的格文美尔大奖（Grawemeyer Prize，每年由路易斯维尔大学授予在教育、改进世界秩序的理念、作曲、宗教和哲学这五个领域有杰出贡献的个人的奖项）。

简单说来，杰维斯对阻吓的理解更加深刻、更加细致。基于政治心理学，他不断告诫我们要行使阻吓时，应该具备什么样的理解：你要想阻吓某个人或者某个国家，并不像我们想象得那么简单，只是不断显示自己的能力和决心就可以了。

杰维斯后来的许多工作都是试图探讨如何消除错觉、误解和误判，在无政府状态下避免冲突，促成合作。这时候就要提到他1978年那篇《安全困境下的合作》的论文。这是一篇真正的杰作，它奠定了防御性现实主义的核心理论基础（尽管有些错误的理解）。而杰维斯本人到后来对"理性威慑"（rational deterrence）的批评，包括1985年他对美国核政策的批评和1989年他试图完整阐述核革命的意义，可以说都源自他1978年的这一篇文章。

我曾说过，好的研究是可以生长的。杰维斯1978年的这篇文章是最贴切的例子之一。他1978年那篇文章慢慢地发展出好了几本书。因此如果你写了一篇文章不知道下一篇该写什么，那么这篇文章可能你就不要写，因为它肯定不是很好。好的文章是你在写这篇，其实已经知道下篇要写什么，如果你只有一篇文章写完了就没有写的了，那基本上是在凑数。

最后到1997年的《系统效应》。这本书是杰维斯经过漫长的积累，不断学习、生长的结果。说到这，说个真实的花絮。杰维斯在他的前言里提到了一下，但真实的版本更加"好玩"。大家注意到1991年的时候，他就"系统效应"发了一篇文章，发在《政治科学季刊》(*Political Science Quarterly*)之类不是特别顶级的杂志上。他在前言里边提到，他的文章被几个期刊拒绝刊登，然后午间吃饭的时候就把这个事情说给大家听，他的同事心里都暗喜，心想，杰维斯的文章也会被拒啊！其实这个故事还有更透彻的情节，其中某个杂志的审阅者之一在评语中写道："这个人写的东西像杰维斯，但是他不是杰维斯！"

《系统效应》应该说是杰维斯的毕生积累。所以我一直推崇这本书，对翻译这部著作的李少军老师来说应该也是一个非常难的东西。这本书更是大杂烩，有生态学、生物学、控制论，当然还有政治心理学和国际关系等。《系统效应》不仅仅是给国际关系的人看，它还是一种系统思维，它告诉你应该怎么去理解这个世界,你不要像谢林那么去理解,不要像费伦那样去理解,你也不能像温特那么去理解,他们都太简单。在这个行当里面,你被人说成是一个"头脑简单"的人是一个最最狠的批评。我认为米尔斯海默就是这样的典型,而且还不断地重复他自己。

四、杰维斯的特质

以上我只讲了造就杰维斯的一个表面,他真正的核心特质我认为有三点,与别人非常地不一样。第一点,我认为他是一个真正保持开放心态的人。杰维斯在多次采访中承认,他一开始是一个强硬派,或者说是进攻性现实主义者。据杰维斯自己回忆,他最重要的转折点之一是听谢林和阿纳托·拉帕波特(Anatol Rapoport)于1965—1966年在伯克利辩论美国的冷战战略。当年在冲突研究领域,拉帕波特(1911—2007年)也许是仅次于谢林的博弈论大师级学者了。拉帕波特是一个防御性现实主义者,而谢林一直是一个进攻性现实主义者。在辩论中,杰维斯突然意识到,他们辩论的关键不在于美国该怎么办,而是一个前提,那就是苏联的意图是什么,是防御性的还是进攻性的,因此到底是威慑战略合适,还是安全困境和"螺旋模型"更合适?而他此后对知觉与错觉的研究让他进一步意识到,冲突完全可以是由错觉引发的。

由此杰维斯觉得谢林不对,或者说也不一定都对。这对杰维斯来说是一个非常重要的进步。因为谢林那时候就像"神"一样。大家应该知道谢林在20世纪50年代就已经成名了,他在1960年出版的书《冲突的战略》是几篇文章的一个集子,他在1966年的书《军备和影响》其实也是个文集。

杰维斯是一个心态非常开放(open-minded)的人,就是他能够承认自己是错的,转而他才可以怀疑谢林是错的,我认为这是一个非常重要的素质。当然谢林也是一个心态比较开放的人,尽管杰维斯批评他对威慑的理解,谢林对杰维斯还是非常提携的。也许到了杰维斯和谢林这样的水平,就是天才之间是可以尊重天才的,我可以不同意你的观点,但是我觉得你足够聪明,那么你就干吧。

我真的觉得这样的开放心态是非常重要的。大家也知道,我的一些研究其实是发展杰维斯的,我很多时候都是批评他的某些缺陷的。但他对我工作的评价一直都是非常好的,对我的成长也是非常提携的。他一直不认为自己非要都对,他只要足够对就好。

第二点,我觉得这应该是我们的共同体会,就是你必须要有一个广博的知识面。

第三点,就是前面提到的学术野心或者抱负。杰维斯不做那些无关紧要的问题,而是直面最紧要的问题。在冷战时期,这个问题就是国家如何合作,避免冲突(以及可能的"世界末日")。

总之,杰维斯在20世纪六七十年代出道的时候,他几乎是无可匹敌的,在那个年代是最好的。1968年毕业后进入哈佛大学教书,大家都知道他是天才,没人会怀疑他是不是"未来之星"。大家可能不知道他最后能否成为大师,但是大家都知道他一定是个"牛人"。

五、我们能从杰维斯身上学到什么?

我们能从杰维斯身上学到什么,上面我也提到了一些。总结一下,我认为有四点是最重要的。

第一个就是要关怀一个真实的世界,大家不要做虚无的东西,我们现在做的很多东西很虚无,看起来是一个真实的世界,其实是一个虚无的东西。关心真实世界、关心真实问题,杰维斯关心的问题显然大家都能理解。我认为,整个社会科学其实就两个核心问题,一个是合作与冲突,一个是国家的兴衰。杰维斯关注的问题,就是合作与冲突,与信任有关。因为所有的合作与冲突,都与应不应该有信任有关,都与能不能读懂对方有关,这个是重要的。

第二个当然是要知道很多东西。广泛的阅读量。

第三个当然是付出,付出时间、精力,并且准备牺牲某些东西。

最后一点,相对难一点儿,也是一种自信,就是要不断地挑战你自己。其实杰维斯1970年、1976年写的著作的成就就足够了,那为什么后来1985年和1989年还写,1997年还在写,现在还在写,他在不断地挑战自己,他不满足于自己取得的成就,我觉得这是一个伟大学者的标志。

卡尔·波普

　　卡尔·波普(Karl Popper)的影响实在太大。如同韦特斯滕(Wettersten)所说,他的学生几乎就是一个名人录:约瑟夫·阿伽西(Joseph Agassi)、欧内斯特·盖尔纳[Ernest Gellner,许多人说,盖尔纳是最后一个博学者(polymath)]、伊恩·贾维[Ian Jarvie,现在是《哲学社会科学》(*Philosophy of the Social Sciences*)杂志的主编]、伊姆雷·拉卡托斯(Imre Lakatos)、戴维·米勒(David Miller)、艾兰·马斯格雷夫(Alan Musgrave)、彼得·穆兹(Peter Munz)、杰里米·希尔曼(Jeremy Shearmur)、詹姆斯·沃特金斯(James Watkins)。[波普逃离纳粹后留在新西兰基督城的坎特伯雷大学(University of Canterbury)。]我要强调的是,尽管波普在大众(包括受过相当教育的人士,以及大部分自然科学家和社会科学家)中的影响是很大的(如果不是最大的话),但他在职业哲学家中的影响显然不如亨普尔(Hempel)、维特根斯坦(Wittgenstein)、海德格尔(Heidegger)、尼采(Nietzsche),更谈不上康德(Kant)和黑格尔(Hegel)。这也许一定程度上解释了我为何不那么敬重(纯粹的)哲学吧〔许多纯粹的哲学家最后都走进了绝对的唯心主义(idealism)的死胡同是另一个原因,而一个科学家几乎不可能信服唯心主义〕。

一方面是他的直接影响(比如大家看到华尔兹对理论的理解),另一方面是他的间接影响(某种意义上)他之后的科学哲学都是建立在对他的批评和补充之上的,无论是库恩(Kuhn),还是拉卡托斯、劳丹(Laudan)、费耶尔本德(Feyerabend),乃至后来的科学实在主义(Scientific Realism)或是批判实在主义(Critical Realism),比如本格(Mario Bunge)、巴斯卡(Bhaskar)。总之,我们无法绕开他的"阴影"。

大多数人知晓波普是通过两件事:①他的科学哲学(通常被称为批判理性主义),更多知晓的是②他对历史主义的批判和对"开放社会"的捍卫,也就是自由民主体制,体现在《历史主义的贫困》(1941),尤其是在《开放社会及其敌人》

（1945）。我认为，无论他正确与否，他的贡献其实更多。①

　　鉴于卡尔·波普的影响实在太大了，我分别讨论他的东西：

　　（1）他的科学哲学(主要著作和零星的东西)的贡献和缺陷。

　　（2）他对"历史决定论/历史主义"（Historicism）的批评和他对"开放社会"的捍卫[主要是《历史主义的贫困》（*Poverty of Historicism*）、《开放社会及其敌人》（*Open Society and Its Enemies*）]。

　　（3）他已经触及了但没有最终突破的最重要的一个问题。（我希望将来我能在他的基础上做一点点突破。这个极其重要的问题我会用专门的文章来讨论。这个问题就是"关于知识的理论"和"关于社会的理论"之间的关系。我文章的题目暂且定为"Theory of Knowledge and Theory of Society：A Social Evolutionary Understanding"。在这篇文章中，我会试图揭示波普和福柯事实上是同道人（目前把这两个巨匠放在一起讨论不多见，可能只有一位学者讨论过）。（在对社会科学中相对

---

　　①　英文原文：Most people remember Popper for two things：①his philosophy of science（critical reationalism，often called），and（more for）②his critique of historicism and defense of open society （i.e.，liberal democracy），as in *The Poverty of Historicism* （1941），esp. *open Society and its Enemies* （1945）. I think he was much more，both in terms of being right and being wrong.

更加深刻的问题的理解上,波普和福柯应该是对我影响最大的两位学者。)波普的"三个世界"的理论我不太以为然。他在这方面的讨论远不如约翰·塞尔(John Searle)深入。

我需要强调一下,我不认为我完全搞懂了他,我也没有把他的东西全部读一遍(读了一些)。所以我欢迎大家指出我的错误。(事实上,我第一次读他的东西是在1986—1987年的时候,是他的《猜想与反驳》。我只读懂了一点点,基本没读懂。那时候好像他的其他作品都还没有翻译过来。2000年左右我才又回头读他的东西,感觉就好多了。因此我其实真的有些愚钝。而这也是我觉得一个人30岁前不要读太多哲学的原因。不过现在的许多学生远比我厉害,也许我的建议不太对了。)

有一点可以肯定的是,波普至少在一点上是非常厉害的,那就是他的问题。在他之前,恐怕没人想,什么样的东西才能称得上是科学?〔Popper, *Unended Quest*, 1993(1972), 31-53; C&R, 33.〕大部分人只是想:我们如何确定一个理论是正确的(the problem of justification)。很显然,波普想的问题(什么样的东西才能称得上是科学?)要比这些问题都更加根本(或者说是深刻)。因此他说,科学哲学中的所有问题都和这个问题有关(LSD, section 11, 33-4)。(他的解决方案是否有道理另当别论。)这再一次说明,你的问题决定你的作品重要与否。

为了减少不必要的误会,先给大家开个简单的书单(包括不是他写的东西）。大家慢慢看，容我慢慢写。从这个书单中，大家也许可以猜出我要讨论的东西可能还有点儿新意。

1.进化认知论（Evolutionary Epistemology）

（1）Scriven, Michael, "Explanation and Prediction in Evolutionary Theory", *Science*, 1959, 130(3374): 477–482.

（2）Campbell, Donald T, "Blind Variation and selective retention in creative thought as in other knowledge process", *Psychological Review*, 1960, 67: 380–400.

（3）Campbell, Donald T, "Variation and Selective Retention in Socio–Cultural Evolution", pp.19–49, in *Socio Changes in Developing Areas*, edited by Hebert E. Barringer, George I. Blanksten and Raymond W. Mack. Cambridge, M.A.: Shenkman Publishing Company, 1965[1998]. Reprinted in Geoffrey Hodgson, ed., *The Foundations of Evolutionary Economics*, Cheltenham, UK and Northhampton, MA, US: Edward Elgar, pp.354–370.

（4）Campbell, Donald T, "Evolutionary Epistemology", pp. 413–463, in *The Philosophy of Karl Popper*, edited by Paul Arthur Schilpp, La Salle, I.L.: Open Court, 1974a.

（5）Campbell, Donald T, "Unjustified Variation and Selective Retention in Scientific Discovery", pp.139–161, in *Studies in Philosophy of Biology: Reduction and Related Problems*, edited by Fancisco J. Ayala and Theodosius Dobzhansky, Berkeley:University of California Press,1974b.

(6)Mayr,Ernst,"Footnotes on the Philosophy of Biology", *Philosophy of Science*,1969,36(2):197-202.

(7)Mayr,Ernst,"The Nature of the Darwinian Revolution", *Science*,1972a,176:981-89.

(8)David Hull, "A Mechanism and Its Metaphysics:An Evolutionary Account of the Social and Conceptual Development of Science",*Biology and Philosophy*,1988,3(1):123-155.

2.波普著作选读(Selected Works by Popper)

(1)Popper,Karl,*The Logic of Scientific Discovery(LSD)*, London:Routledge,1935[1959].

(2)Popper,Karl,*The Poverty of Historicism(PH)*,London: Routledge,1944[1961].

(3)Popper,Karl,*The Open Society and its Enemies(OSIE)*, London:Routledge,1945[1967].(esp. the chapters on Marx and his theories,Compare JA Schumpeter on Marx)

(4)Popper,Karl,*Conjectures and Refutations:The Growth of Scientific Knowledge(C&R)*,London:Routledge,1963[1991].

(5)Popper, Karl, *Objective Knowledge: An Evolutionary Approach(OK)*,Oxford:Claredon Press,1972.

（6）Popper, Karl, "Campbell on the Evolutionary Theory of Knowledge", Reprinted in Gerard Radnitzky and W. W. Bartley III, eds., *Evolutionary Epistemology, Rationality, and the Sociology of Knowledge*, pp.115-120, L Salle, I. L.: Open Court, 1974 [1987].

（7）Popper, *Unended Quest: Intellectual Autobiography (UQ)*, London: Routledge, 1993[1972].

大家注意到,书单中有许多是唐纳德·坎贝尔(Donald T. Campbell)的东西,这也是我为何要讨论他的缘由。我认为坎贝尔是一位真正的大师[社会(进化)心理学和科学哲学],而在我们这里,知道的人也许不多。我认为,他是第一位真正意义上的"社会演化心理学家",而我试图发展一个学科就叫"社会演化心理学"。

大卫·赫尔(David Hull)也是个很重要的学者。一般认为他是生物学哲学的奠基人(至少是最重要的奠基人之一)。我很荣幸在他2010年去世前和他通过电邮。如今专门有本杂志就叫《生物学与哲学》(*Biology and Philosophy*)。我以后也会讨论他的工作。

波普的知识的理论：
一个简短的评价

总体上，在经历了库恩、拉卡托斯和其他学者的猛烈批判后，波普对知识的理论（正如其在《科学发现的逻辑》《猜想与反驳》《客观知识》等处所阐释的那样）与当代的科学哲学（无论是自然，还是社会）还有多大的关系？

波普的遗产主要有两个关键性的思想：

（1）一个科学理论必须有演绎的成分（只有演绎的假设才是可以被检验和可证伪的）。

（2）科学（或称为人类知识）是一个演化性的事业（enterprise）。

但是他的主要学说存在一些根本性的问题。简单而言：

（1）在他原初的理论中并没有关于"真理"（Truth）或者"关于真理的理论"，尽管他想融合塔斯基（Tarski）对真理的讨论,但他做得不够好。而如果没有"关于真理的理论"(这是科学的目标),波普关于知识的理论,如若推导到其逻辑终点,会导致认识论上的虚无主义(或者绝对的怀疑主义)。更直白一点儿表达,如果每个科学家都追随波普的建议(构建并且尝试去证伪这些假设,就像是寻找敌人并杀掉一样),我们将无法找到相信任何东西的根据与理由(拉卡托斯,1970[1978])。

(2)紧跟第一个观点,如果我们没有相信某些事情的基础,那么就没有任何基础去创造任何假设。(这是库恩和拉卡托斯的观点。)可以看看波普和库恩就此问题的辩论(Worrall,2004)。

(3)波普似乎相信所有科学都是相似的,即任何科学的研究,都会遵循同一种认识论规则。而这些观点都是错误的。数学的认识论规则与物理、化学都不相同,而同样生物学、物理学与化学也不一样。故而社会科学和自然科学也有本质性的区别。这些科学之所以不同是因为它们研究不同的事物。(我不否认所有科学都分享一些根本的核心原则和特性,这些是我的个人观点;再有,我认为本体论支撑着认识论。)

(4)波普对科学的讨论太"去历史化"(Ahistorical)。他对科学探索的真实进程在其讨论中着墨太少。与之相比,库恩以及欧内斯特·卡西耶(Ernest Cassiers)、埃米尔·麦尔森(Emile

Meyerson)和亚历山大·科瓦雷(Alexandre Kovre)的步伐,使得我们对科学的历史性的分析成为科学哲学中的关键部分。而这对于科学哲学而言是有好处的。(讽刺的是,波普实际上自己也说过,哲学家应该多学点科学。这也是为何我认为科学家应该自己说出他们探险的真实故事,而不是被别人描绘成英雄,并且如有可能,科学家们应该自己做科学哲学。

(5)虽然演绎性假设应该是科学理论的一部分,证伪性(或验证)要比波普设想得更为复杂(例如库恩、拉卡托斯和他们的阐释者们)。正如库恩和拉卡托斯(更深刻地)认识到,波普在可证伪性上的立场很天真(科学家毕竟不是天使)。

(6)最后需要强调,波普对"开放社会"和"历史决定论"的批判是可以自圆其说的。也就是说,虽然他对于辩证法的批判属于其总体的关于知识的理论的一部分[见其文《什么是辩证法?》(What is Dialectic?)],但他的社会批评并不需要基于他总体的对于知识的看法。

理查德·内德·勒博

在国际关系领域，如果让我列出在21世纪已经成就为大师水平的学者，目前为止我只会列出一个人：理查德·内德·勒博（Richard Ned Lebow）。

一、传奇一生

勒博于1940—1941年出生在巴黎，父母均是法籍犹太人（这些情况我从他本人那获得过证实）。纳粹德国于1940年占领法国后，法国的维希（Vichy）政府和纳粹同流合污，驱逐犹太人，因此勒博的父母和他本人都于1941—1942年间被押往奥辛威茨集中营。勒博的父母最终均丧生在奥辛威茨集中营，而勒博本人之所以能活下来，是因为他的母亲在火车上偷偷地将勒博包起来，扔到车厢外。他幸运地被法国抵抗组织救起，随后他被送到了英国，最后送到了美国，被美国的养父母收留。（勒博本人也是成年之后才了解这一段早年的事情，他对自己父母的具体情况应该不是很清楚）。在二战期间，有许多欧洲犹太裔知识分子从欧洲逃亡到美国，勒博的这段经历是这一段历史的见证之一。

二、交往

我非常荣幸能够认识勒博，并能够与他保持交往。我与勒博的认识，得益于我在加州大学伯克利分校的哥们儿葛小伟（Peter Gries）。葛小伟毕业后去了俄亥俄州立大学（Ohio State University）的莫尚中心（Mershon Center）做博士后，而勒博当时是这个研究中心的主任。葛小伟与我共同组织了（主要的工作是葛小伟启动的）为期6年的"中美安全对话"（2001—2006）。在这个项目中，我们邀请中美两国的青年学者来参加中美安全对话，另外也邀请一些大牌学者做高级顾问（Senior Advisor，勒博是其中之一）。对于我个人来说，这个项目除了让我认识了许多（当年的）青年新锐之外，另一个重要收获就是认识了勒博。

勒博对理论和很多其他东西的理解非常敏锐，而且非常乐意帮助晚辈。勒博近些年的产量极高，在这么忙的情况下，他还会抽出时间看看我的东西,给我提出一些观点和修正意见。他这样的学者非常值得我们尊敬,而我也在心里把他当作自己的非正式老师之一。

三、其他

勒博和其他大牌的学者有一点非常不同:几乎没有成名的博士学生。这让我有些纳闷,所以有一次特地问他。他的回答让我咋舌:"(带研究生)太浪费时间(it is a wasting of time.)。"他说,大部分的博士研究生都不行,与其在他(她)们身上耗费时间,还不如集中精力做自己的学问。因此他宁愿和厉害的人合作[比如杰维斯、斯坦、赫尔曼(Hermann)、特拉克(Tetlock)等],或者是环游世界,但却不愿在学生身上下注。我想他说的是有些道理的。(这也是我为什么先要给那些考虑做我的学生一些必要的提醒的原因之一,尽管有些学生表示不解。在我们目前这种博士3年,又没有淘汰机制的体制下,更是有如此提醒的必要。一个来念我的博士的学生应该至少自己觉得自己有能够成为一流学者的禀赋和毅力。)

四、工作

我之所以推崇勒博,在一定程度上是因为他和杰维斯的工作有很多相似之处。应该说勒博和杰维斯从某种程度上来说是非常相像的,他们涉猎都非常广,对国际关系以外的东西都有非常多的了解,思维比较细致和深邃。(因为他们关注微观层面的东西。我认为那些只关心所谓的体系或"结构"层面的人士的思想都比较肤浅,因此我号召"打倒结构主义"。当然,我同样还要强调,只关注微观层面,不关注大层次问题也是有问题的。)而且他们的第一本书都是力图把社会心理学的理论引入到国际政治领域。

勒博既非常熟悉历史,同时又力图去了解历史背后的逻辑。勒博的著作颇丰,这与勒博非常广泛的涉猎是分不开的。另外值得一提的是,勒博掌握了五门语言(英、法、德、意、拉丁),这也极大地有利于他的研究工作。

如果没有杰维斯(1970,1976)的两本书在前面的话,勒博的《在和平与战争之间》也许会更加为我们(也包括中国学者)所重视。我认为这本书是一本真正的经典,这本书对于危机管理(Crisis Management)的研究来说是非常重要的著作。因为勒博是注重对社会心理学或危机管理中的心理学的理解，所以他一直是谢林所发展的基于理性选择的"压力/危机谈判"（coercive/crisis bargaining）或者说"压力外交"（coercive diplomacy）理论的批评者（杰维斯也不例外）。另外，勒博的《核危机管理：危险的幻象》（*Nuclear Crisis Management: A Dangerous Illusion*, 1987）我没有读过，鼓励大家去读。这本书是杰维斯等人主编的"康奈尔大学安全事务研究"丛书（Cornell Studies in Security Affairs）中的一本，专门讨论核危机管理。

我要特别提到勒博和斯坦的*We all lost the Cold War*（1994）。[勒博和斯坦是在纽约市立大学（City University of New York/CUNY）的师兄妹。勒博因为不满耶鲁大学（Yale）的教授认定"历史和国际关系理论是水火不相容的"而转学。这在他的1981年那本书的前言中提到了。顺便提一句，纽约市立大学在20世纪六七十年代是极好的大学，巨星云集，包括摩根索、卡尔·多伊奇（Karl Deutsch）等人都在这执教过。]*We all lost the Cold War*这本书对古巴的导弹危机的分析远在大家所熟悉的艾利森（Allison）的《决策的本质》（*Essence of Decision*，我始终不明白这本书为何这么受人推崇）之上。首先，勒博和斯坦在这本书中使用了非常多的重要资料（如美国和苏联的档案和访谈）；其次，他们没有被既定的分析框架约束，相反他们先描述危机形成的过程，然后再去解释危机为什么会形成、变化，并最终这样结束。这本书传承了他们过去一直对谢林，特别是对理性威慑理论的批评，所以这本书在很大程度上也是继续了这个批评工作。这本书的案例研究，特别是过程追踪手法的运用堪称典范，让我们（无论国外和国内的学者）汗颜。

1981年和1994年的这两本书都应该是学习危机管理和战略决定的必读书。[也许可以这样说，如果一个人没有读过这两本书的话（加上杰维斯的两本书以及谢林1960/1966年的书的话），几乎不可能成为所谓的战略专家。因此我建议那些致力于政策影响的学生读读我的课程《国际安全与战略》中提到的许多读物，特别是必读和指定书目，否则可能成为"祸国殃民"的人呀！]遗憾的是，勒博的这两本书都没有被翻译过来，在我们这恐怕知道的人也不多。

之后勒博沉寂了很久（即这期间他没有专著出版）。而他再出手时，便是大手笔。大致说来，勒博从20世纪90年代末至今做了两项重要的工作：

第一项工作是勒博继续了他与特拉克的合作，共同研究反实事在社会科学研究中的作用（见他们的编著，*Unmaking the West: What-If? Scenarios that Rewrite World History*，Michigan，2007）。勒博自己对反实事的研究成果可见他的 *Forbidden Fruit: Counterfactuals and International Relations*（Princeton，2010）。他对方法论的讨论和杰维斯的《系统效应》都同样支持我的一个提法：很多从事好的、实际的研究工作的学者最后或多或少都会对方法论,乃至更加复杂的本体论和认知论问题有所思考,甚至会有所贡献。因为这些人士更加理解"手术刀"的重要性。

第二项工作可能更为大家熟知,也可能更为重要一些。(勒博为这项工作积累了很久。)这就是他计划的"三部曲"。勒博试图回到古典现实主义时代或者说古典现实主义传统,以那里为起点发展他认为更加完善的理论。迄今为止他出版的图书并不多,但他已出版的东西已经让我们感叹了。

第一本书是《政治的悲剧性眼光:伦理学、利益和命令》(*The Tragic Vision of Politics:Ethics,Interests and Orders*,Cambridge:Cambridge University Press,2003),荣获国际政治心理学会"亚历山大·乔治图书奖",并被评为"最佳政治心理学图书"(Winner of the Alexander L. George Award for the best book in political psychology,ISPP)。

第二本书是《国际关系的文化理论》(*A Cultural Theory of International Relations*,Cambridge:Cambridge University Press,2008),荣获美国政治学会"罗伯特·杰维斯与保罗·卡特利奇奖",并被评为"最佳历史与国际关系图书"(Winner of the Jervis Schroeder Award for the best book in history and international relations,APSA),并获得英国国际研究学会"苏珊·斯特兰奇奖",并被评为"年度最佳图书"(Winner of the Susan Strange Award for the best book of the year,BISA)。

　　第一本书我还没太仔细读过，第二本书我认为值得仔细读，它的重要章节我都仔细地读过一遍，有时间的话会再去读。

　　第二本书具有相当多的开创性，主题非常宏大。这本书从古希腊时代对人性的理解开始，力图发展一个基于人性（human nature）或者说驱动力（drives）的理论，他把它称为"文化理论"（Cultural Theory）。勒博试图通过这本书对"前景理论"做一个全新的构建，他认为"前景理论"捕捉到的失去厌恶机制（Loss aversion）对不同驱动力[利益（interest）、精神（spirit）、理智（reason）]驱动的东西的反应是有不同强度和烈度的。此外，在本书中勒博发展了几个理想类型（ideal type），比如他认为有的社会（像斯巴达和整个古希腊时期）是非常强调荣誉的[honor，而荣誉是精神的表现。勒博将精神定义为是个人或集体对自尊（self-esteem）的追求]。勒博的另外一个主要结论是，中世纪以后，国家越来越多地因为受到精神[荣誉/地位（status）/仇恨（revenge）/骄傲（glory）]的驱动，而不是为了利益（interest）而战。

　　勒博的观点大家可以再讨论（他目前还不能使我完全信服），但是大家恐怕很难否认，精神/荣誉是人类行为的重要驱动力。他显然不再满足于只是引进社会心理学的东西，而是要开创自己的新理论。这一点我尤为欣赏（因为我自己也正在这样做）。相比之下，无论杰维斯还是默瑟都还只是停留在引进和运用社会心理学的东西。(事实上,社会心理学的支离破碎即便在他们自己那里也是广受诟病的。)[关于这本书,陈玉聃和我在一篇文章中进行了更为详细的(但仍然是粗浅的)讨论。]①

2010年勒博又出了一本书《国家为何而战:过去与未来的战争动机》(*Why Nations Fight:Past and Future Motives for War,Cambridge,*2010), 这本书可以说是对他的文化理论的实证检验,在书中他自己构建了一个数据库(data set),我还没仔细看,因而不好作评价。

另外勒博似乎还一直关注"记忆"问题(Lebow et al., *The Politics of Memory in Post war Europe,*Duke,2006),这可能是他未来的研究取向之一。这本书更多的是属于人类学家、历史学家、文化理论家的讨论范畴,因为这本书讨论的是二战后欧洲的集体记忆和个体记忆的政治,这对于我们理解"记忆"在国际政治,特别是在"和解"中的作用是非常重要的。我的一篇综述长文(review article)评价了这本书(和其他五本书)的贡献(文章发表在2011年11月份的《世界政治》(*World Politics*)上,我应该也是第一位在《世界政治》上发这样文章的中国学者)。

---

① "国际政治的重新发现人性",《复旦国际关系评论》第十辑"知识社群与主体意思",上海人民出版社,2011年5月,57~86页。(与陈玉聃合著)

勒博的主要专著：

（1）*Between War and Peace*，John Hopkins，1981.

（2）*Nuclear Crisis Management：A Dangerous Illusion*，Cornell，1987.

（3）*We all lost the Cold War*，Lebow and Stein，Princeton，1994.

（4）*The Tragic Vision of Politics：Ethics，Interests and Orders*，Cambridge，2003，Winner of the Alexander L. George Award for the best book in political psychology，APSA.

（5）*Coercion，Cooperation and Ethics*，Routledge，2006.（这是一个论文集，有许多不错的东西。）

（6）*A Cultural Theory of International Relations*，Cambridge，2008，Winner of the Jervis –Schroeder Award for the best book in history and international relations，APSA，Winner of the Susan Strange Award for the best book of the year，BISA.

（7）*Why Nations Fight*，Cambridge，2010.

（8）*Forbidden Fruit：Counterfactuals and International Relations*，Princeton，2010.

（9）*The Politics and Ethice of Identity：In Search of Ourselves*，Cambridge：Cambridge University Press，2012.

欧内斯特·盖尔纳

在卡尔·波普的学生中，我个人认为，有两位最厉害（他们的贡献甚至在一定意义上超过他们的老师）：一位是伊姆雷·拉卡托斯（提出"科学研究纲领"，而这一提法显然要比库恩的"范式"强很多，比波普的"幼稚证伪主义"就更是极大的进步），另一位则是欧内斯特·盖尔纳（Ernest Geller，1925—1995）。

盖尔纳逝世的时候，英国《经济学人》杂志（The Economist）发的讣告（obituary）说，"盖尔纳是最后一个中欧的博学者（central European polymath）"。此言不虚。盖尔纳涉猎极广，从人类学/社会学（穆斯林社会）[我个人认为人类学和社会学事实上应该是一个学科，所以有时候大家会看到"社会人类学"（social anthropology）这样不伦不类的提法]、社会科学哲学（盖尔纳应该是波普的学生中对社会科学哲学钻研最深的人),到社会理论(比如民族主义和现代化)。

以前盖尔纳的东西我只读过他对民族主义和现代化的讨论(Nation and Nationalism, 1983),最近准备写一个关于王赓武(Wang Gungwu)教授的文章,开始更多地读一读盖尔纳的其他作品,这是因为我隐约觉得盖尔纳和王赓武在研究的旨趣上有许多相似的地方(经过和王先生确认,他们确实相识,但王先生强调,他们二人对民族主义的态度也有很大不同,这一点我显然同意)。从某种意义上说,我认为王先生事实上不应该仅仅被视为历史学家,而同样应该是人类学/社会学家。

因此便有了这个不在计划中的文章。我感叹的是盖尔纳可能是第一个真正清晰地指出"关于知识的理论"和"关于社会的理论"之间是有密切关系,而且在一定程度上窥探到了这一密切关系的一些尺度的人。

而我认为"关于知识的理论"和"关于社会的理论"之间的关系是社会理论中的最根本问题(因此我已经花了相当长的时间来琢磨这个问题)。这一点从柏拉图对"哲学王"的讨论已经初见端倪。

盖尔纳至少在三本书中涉及了这个问题:《信仰合法化》(Legitimation of Beliefs, 1976)、《后现代主义、理性与宗教》(Postmodernism, Reason, and Religion, 1992)、《语言和孤独:

维特根斯坦、马林诺夫斯基和哈布斯堡困境》(*Language and Solitude: Wittgenstein, Malinowski, and the Habsburg Dilemma*, 1998)。尤其是《语言和孤独：维特根斯坦、马林诺夫斯基和哈布斯堡困境》，在这本书的第一页，盖尔纳开宗明义：关于知识有两种基本的理论。这两种理论之间形成了鲜明的对比，甚至极为对立。它们代表的不仅是考察知识，也是考察人类生活的两极。与这两种对立的关于知识的理论相一致，关于社会、人、万物的理论也有着相似的对比。这个分歧正好贯穿我们整个社会景观。"①

遗憾的是，我认为盖尔纳对这两个不同的知识理论的讨论有许多偏差，这就给我这样的后人提供了一个肩膀和机会。

顺便说一下，《语言和孤独：维特根斯坦、马林诺夫斯基和哈布斯堡困境》是一本极其有意思的书。单从他讨论的两个人就足够吸引人了。和波普一样，盖尔纳对维特根斯坦不太感冒。马林诺夫斯基是费孝通先生的老师，对人类学的影响恐怕不亚于维特根斯坦对哲学的影响。

---

① 英文原文：There are two fundamental theories of knowledge. These two theories stand in stark contrast to each other. They are profoundly opposed. They represent two poles of looking, not merely at knowledge, but at human life. Aligned with these two polar views of knowledge, there are also related, and similarly contrasted, theories of society, of man, of everything. This chasm cuts right across our total social landscape.

　　我觉得只有读了盖尔纳的《语言和孤独：维特根斯坦、马林诺夫斯基和哈布斯堡困境》，才能够真正理解马林诺夫斯基为费先生写的《江村经济》序言中的一段话："我怀着十分钦佩的心情阅读了费博士那明确的令人信服的论点和生动翔实的描写，时感令人嫉妒。他书中所表露的箴言和原则，也是我过去在相当长时间里所主张和宣扬的，但可惜我自己却没有机会去实践它。"（费先生本人对这段话以及马林诺夫斯基的理解，见费先生的《重读〈江村经济·序言〉》附在商务印书馆2009版的最后边）。

　　我个人认为，费先生的《重读〈江村经济·序言〉》是这本书里最有价值的一篇文章（其次是前言和最后一章"中国的土地问题"）。其中尤以费先生过了半个世纪后才完全理解马林诺夫斯基为何要亲自指导费先生、推荐费先生的书出版、并且亲自写序的良苦用心那一段为佳。用费先生自己既有些自谦又有些愧疚的话来说，"愧赧对旧作"。

王赓武①

相比起那些大家耳熟能详的海外华裔史学大家来说（比如杨联陞、何柄棣、黄仁宇、许倬云等），王庚武（Wang Gungwu）先生在中国内地的知名度恐怕是最低的了（其缘由下边会提到）。（我看了一下，他的"百度百科"的浏览量只有4800次左右，实在是太低了。不过从我两次"百度"来看，对他的"百度百科"的浏览量最近有很大的增长。）

但是我个人认为，王先生毫无疑问是海外华裔史学界的大师级学者。更重要的是，我认为王先生的作品对于现代中国（包括我们现在的中国）的意义要远远超过上面提到的几位史学大家的作品，因为王先生的研究对象和方法都更

---

① 本文承蒙王赓武先生在百忙之中纠正正文中的一些"小"错误。当然，王先生一如既往、谦虚地表示对我给予他的以下评价"不敢当"。

贴近现在中国面临的问题。(比如从王先生的研究中我们能学到，当我们需要和我们近邻国家，特别是与东南亚国家打交道时需注意和思考的问题)。他目前在中国内地出版的作品只有两个论文集(见后)。值得庆幸的是，他的东西正在被翻译过来。

在本文中，我主要讨论我和王先生的交往(读者从中可以体会王先生的为人、关怀、学问)。[建议大家先看看郑永年教授(永年是王先生在新加坡国立大学(National University of Singapore, Nus)东亚研究所的"接班人")的文章，发表在《当代亚太》2009年第四期)。文章讨论了对王先生工作的理解和运用，写得很好。]

一、"海外华人研究"的奠基人之一：作为学者的王先生

王先生于1930年(许倬云和王先生出生在同一年)出生在印度尼西亚的泗水(Surabaya)，生长在马来西亚。父亲是一位传统的读书人、老师。王先生在南京"中央大学"上过两年学(1947—1948)，之后到马来亚大学(University of Malaya)完成本科学业和硕士学业(1949—1954)。他的硕士论文研究的是中国和东南亚的贸易/南海贸易(The Nanhai Trade, 1959)。这为他以后的学术转型(海外华人研究)打下了一部分基础。

［新加坡和马来西亚的大学背后的故事显然折射出这两个国家的政治变迁，但背后的故事相当复杂，这里只能稍稍交代一下：在马来西亚独立前，是没有马来西亚大学（University of Malaya）的，而只有马来亚大学，而这所学校在现在的新加坡。马来亚大学是现在的新加坡国立大学的前身之一。新加坡国立大学原名叫新加坡大学（University of Singapore，1980年才更名）。新加坡国立大学的另一个前身是南洋大学（Nanyang University），而南洋大学的另一个"化身"便是现在的南洋理工大学。从南洋大学到南洋理工大学的故事也极其复杂。这些故事及其背后的故事都可以写出书了。］

之后（1954—1957），王先生在英国伦敦大学亚非学院（School of Oriental and African Studies，University of London）攻读博士学位，主修中国古代史。1957年获得博士学位。［他的博士论文是关于五代时期的内容，《五代时期北方中国的权力结构》，1963年先由马来亚大学出版社出版，斯坦福大学出版社（Stanford University Press）于1967年重印，中文版于2014年由中西书局出版。］之后，王先生便回到马来亚大学［1957—1959，在新加坡校区任教；1959—1968，在吉隆坡附近（Pantai Valley）校区任教］。

我想绝大部分人士都会认为，王先生所做的更重要的贡献，就是开创了"海外华人研究"（overseas Chinese studies/

studies of "overseas Chinese")。王先生是"海外华人研究"的当之无愧的奠基人之一。

[在相当长的时间里,王先生一直拒绝用"华侨"(sojourners)、"流散各地的华人"(the Chinese diaspora)这两个标签。首先,"diaspora"在英文词典里特指"分散各地的犹太人",而这个词显然是有很多贬义的。而"华侨"则意味着"这些人还会回到中国",而这显然是不对的。大部分华侨不会再回到中国,但他们承认自己是族群意义和文化意义上的"华人"。我认为我们的讨论和官方的文本都应该向王先生提倡的"海外华人"靠拢。]

王先生出名非常早。比如费正清主编的《中国的世界秩序》这本书里就有王先生写的一章,那时他才32岁。而这个集子里面的其他人物都是如雷贯耳的人士。也就是说,王先生32岁就已经名动江湖了。王先生33岁即在马来西亚大学升到正教授。连大名鼎鼎的许通美先生(Tommy Koh)都是王先生学生辈的人。[因此有一次王先生调侃地说:"看来世平你是一个'开窍较迟的人'(late starter)呀",我只能红着脸回答:"是是,世平很愚钝,花了很长时间才发现自己。"]

王先生不仅是一位大师级的学者,更是一位杰出的教育管理者。他的管理能力好像从大学时代就开始显现了。他先后做过马来西亚大学的文学院院长(1962—1963)、澳洲国立大学太平洋研究学院（Research School of Pacific Studies）的院长（1975—1980）、香港大学的校长（1986—1995）、新加坡国立大学东亚研究所所长（1996—2007），新加坡众多学术单位的"董事会"主席等。

二、价值所在

前面提到，相比其他几位著名的海外华裔历史学家，王先生讨论的问题更加贴近中国现在的问题。他的研究涉及文化（culture）、身份（identity）、记忆（memory）、忠诚（loyalty）、民族主义（nationalism）、种族（ethnicity）、民族（nation）、多元文化（multiculturalism）、全球化（globalization）、自我（self）、"中国性"（Chinese-ness）、中国（China）、"做中国人"/"做华人"（being Chinese）。因此我说在某种意义上，王先生的研究有些像欧内斯特·盖尔纳的人类学。而我认为王先生事实上不应该仅仅被视为历史学家，而同样应该是人类学/社会学家。王先生讨论的问题更关系到我们的自我认知，和我们近邻国家交往时需要注意的问题。（我觉得我们所有搞所谓的"周边研究"的人士都应该读他的东西。）

三、王先生的"关怀中国"

在任香港大学校长（1986—1996）期间，王先生见证了香港回归中国的过程。这其中的许多重要过程，王先生都是亲历者。在任新加坡国立大学东亚研究所所长（1996—2007）期间，王先生几乎以一己之力，将这个研究所在10年间就变成了一个广泛受人尊重的研究机构。当然，王先生对中国的关怀比我能够说出来的要多得多。他对中国的影响也是多方面的。

四、我印象中的王先生

王先生是我见到过的三位最具智慧的人之一（另两位，一位是我在北京时的韩兢老师，一位是杰维斯）。他们是真正的君子。他们胸怀远大、知识广博，却仍是从里到外、真正地虚怀若谷。[我觉得我们绝大部分人（显然包括我自己）可能一辈子都离智慧非常非常远。（更不用说年轻人了，年轻人别生气。）]所以我至少可以这么说：我这辈子很幸运。

我第一次认识王先生是在2002年，那时我正在新加坡南洋理工大学的战略与防务研究所做为期一个月的访问学者。

（去那里是为了完成一篇文章，因为之后我要去宁夏挂职，就没有时间去写了。）我当然早就久仰王先生的盛名，于是就申请到王先生所在的东亚研究所做一个讲座。王先生非常友好，邀请我去了，而且我做讲座的时候他还在下面听。我当时演讲的主题大概是说：中国的安全政策从进攻性现实主义转变到了邓小平（改革开放）时期的防御性现实主义。我讲完后，王先生问了一个问题："你的这些名词、理论全是西方的，你又能怎么样？"（大概是这个意思，王先生是用英文问的）其实2002年之前我已经很多次想过这样的问题，但是当王先生问到这个问题时，我还是愣住了，思考了大概10秒钟左右，我记得当时自己的回答大概是说："我们要先搞懂别人的东西，然后才能建构。"（不知道王先生是不是比我记得还清楚。）当时我认为自己先要努力，至于能做成什么样，我还不清楚，应该说还未"知天命"吧。

　　我第二次见王先生是在2004年初，当时我们都在华盛顿开会［参加沈大伟（David Shambaugh）《权力转移：中国及亚洲新动态》（*Power Shift：China and Asia's New Dynamics*）那本书的讨论会］。王先生不仅去参加了，而且还作了两个演讲，其中一个是午餐演讲，题目叫作"中国的第四次崛起"。当时我就觉得王先生讲得非常好，也感叹只有大历史学家（因为他们具有宏阔的历史观）才能拥有这种洞察力。（后来我还让一位同事翻译了王先生的演讲,发表在《环球时报》上。)这次开会为我提供了与王先生交流的黄金机会,于是私下里我就执意邀请王先生吃饭,其实也就吃了点面条,然后找了个地方聊了两个多小时。我觉得非常愉快,因为能与王先生这样大师级的,而且充满睿智魅力的学者聊天,对我来说是莫大的恩赐。(其实我的成长是很缓慢的,很多地方很愚钝,在王先生面前更显得幼稚,至少是很毛躁。)

2005年我到新加坡国立大学东亚研究所(王先生当时仍然是所长)做了4个月的访问学者。这4个月的访问对我来说很重要,因为那时我已经开始了对制度方面的研究(我的《制度变迁的广义理论》的主要思想在当时就产生了,只是写了很久才完成这本书)。另外,这段时期我能有机会与郑永年、赵力涛这样非常"牛"的人聊天,当然是很愉快,学到了很多东西。因为当时我是访问学者(算是客人吧),王先生又慷慨地赏赐了我一个多小时时间一起吃午餐。很难说清楚,也很难记得当时王先生具体说了什么东西,只是觉得与王先生聊天是非常愉快的事情,总觉得学到了一些东西,却说不清楚具体学到了什么东西。

在新加坡南洋理工大学的三年(2006—2009)期间,我因为与王先生有一位共同的朋友〔新加坡报业控股集团(Singapore Press Holding,SPH)的副总裁冯元良。冯先生也是个传奇，没上过大学，但37岁就做了新加坡《海峡时报》的主编］，所以偶尔会有聚会（有一两次，王先生的夫人也参加了，她是一位非常儒雅、优秀的华裔女性）。聚会的大部分时候我都是听他们聊天，从中学一些东西。很多时候，其实王先生说话也不是很多，但是他说的话总是让你觉得很有道理，你很难发现他说的话没有道理。

2009年回国来复旦大学之前，我特意去向王先生辞行。那时我觉得自己好像已经能构建一些超越西方理论的理论。（当然，这只是我自己这样认为，对不对我不知道。）因此我再一次对王先生第一次问我的问题表达我诚挚的感谢。

从2002年算起，至今我与王先生已经认识了15年，断断续续地有机会与他见面，保持了持续的邮件联络。对于王先生，我有三点非常深刻的感受：

首先，王先生是一位谦谦君子，他对晚辈非常好，非常非常地平和，从没看到过他生气，至少在我们面前他不会生气。

其次，王先生对中西的历史都非常了解［王先生出生在印尼，在马来西亚、香港、澳洲等地都教过书，应该说他是真正接近世界性（cosmopolitan）的那种人］，因而他对许多问题的看法，少了我们很多人有的这种相对偏窄的见解，用黄仁宇先生的词来说就是，王先生看问题的视角是"大历史、大尺度"，具有"时间、空间的广度"，又非常深刻。正是因为这样，所以王先生对中国过去、现在和未来的很多见解都能提供给别人一个独特的视角（尽管王先生并不是对所有的东西都了解，我说的不了解指的是他对具体的情况不完全了解，比如现在中国的很多变化），总会让人觉得这是一个亮点，提醒别人还可以从这样一个侧面看问题。

最后，王先生对世界的看法大概最体现"中庸"了，他既不全盘否定传统（无论中国的还是其他国家或族群的），但也坚持认为所有的国家或族群都必须不断变革以适应不断变换的世界。因此王先生总是在我们比较悲观的时候提醒我们不要过于悲观，又在我们比较乐观的时候提醒我们不要过于乐观。

想了解王先生对海外华人研究的贡献，可以从以下这几本书开始。

（1）Wang Gungwu, *The Chinese overseas: from earthbound China to the quest for autonomy*, Harvard, 2000, this book is based on The Edwin O. Reischauer lectures, 1997.（极好地对海外华人历史和王先生的研究进行精炼的入门读物。）

（2）Anthony Reid, eds., *Sojourners and Settlers: Histories of Southeast Asia and the Chinese*, Sydney: Allen & Unwin, 1996.

（3）Wang Gungwu, *China and the Chinese Overseas*, Singapore：Time Academic Press，1991.

（4）Wang Gungwu，*Community and Nation：China，Southeast Asia，and Australia*，Sydney：Allen & Unwin，1992.

（5）Wang Gungwu，*China and Southeast Asia：Myths，Threats，and Culture*，Singapore：Singapore：Singapore University Press，1999.

（6）Wang Ling－ci and Wang Gungwu，eds.，*The Chinese Diaspora：Selected Essays*，2 Vols，Singapore：Time Academic Press，1998.

（7）Gregor Benton and Hong Liu，eds.，*Diasporic Chinese Ventures：The Life and Work of Wang Gungwu*，London：Routledge，2004.

（8）王赓武：《王赓武自选集》，上海教育出版社，2002年。

（9）王赓武：《南海贸易与南洋华人》，香港中华书局，1988年。

（10）王赓武：《东南亚与华人：王赓武论文选集》，中国友谊出版公司，1987年。

除了这些和海外华人研究有关的著作之外，我还强烈推荐：

（11）Wang Gungwu，*Anglo－Chinese Encounters since 1800：War，Trade，Science & Governance*，Cambridge，2003.（这本书

也是基于王先生的一个系列演讲。这本书让我们看到王先生的叙事风格——宏大的尺度,但却娓娓道来。)

以下的一些作品也可以拿来读读(这些我都没读过):

(12)Francis L.K. Hsu and Hendrick Serrie, eds., *The overseas Chinese: ethnicity in national context*, Lanham, Md.: University Press of America, 1998.

(13)Amy Freedman, *Political Participation and Ethnic Minorities: Chinese Overseas in Malaysia, Indonesia and the United States*, Routledge, 2000.

(14)Tan Chee-Beng, *Chinese overseas: comparative cultural issues*, Hong Kong: Hong Kong University Press, 2004.

(15)Yen, Ching-huang, *The overseas Chinese and the 1911 revolution, with special reference to Singapore and Malaya*, Oxford, 1976.

(16)Yen, Ching-huang, *Coolies and mandarins China's protection of overseas Chinese during the late Ching period (1851-1911)*, Singapore: Singapore University Press, National University of Singapore, 1985.

(17)Stephen Fitzgerald, *China and the Oversea Chinese: A study of Peking's Changing Policy (1949-1970)*, Cambridge: Cambridge University Press, 1972.

(18)Sterling Seagrave, *Lords of the Rim: the invisible empire of the overseas Chinese*, New York: Putnam's Sons, 1995.

诺伯特·埃利亚斯

毫无疑问,诺伯特·埃利亚斯(Norber Elias,1897—1990)是最伟大的社会学家之一。他的影响也会越来越被大家所重视(至少,我希望越来越多的人会这么认为)。从某种程度上看,我认为他的学问至少不比韦伯差。在西方,他的卓越地位已经被接受。随着他的著作被陆续翻译出版,他应该也会被我们所尊重和推崇。

埃利亚斯的一生坎坷(他的生平介绍见,Robert Van Krieken, Norbert Elias, Routledge:1998,也可以看http://en.wikipedia.org/wiki/Norbert_Elias.)。父亲早亡,母亲丧生在纳粹集中营(这样的悲剧在20世纪的欧洲大陆几乎到处都是)。他本人流亡英国,还在英国的"敌对国人士隔离营"受到管制。之后他流浪各地,一直没有在一所著名的大学执教过。他的鸿篇巨制《文明的进程》(*The Civilizing Process*)尽管在1939年就出版了，却直到20世纪70年代才为一部分德语体系和英语体系下的社会学家所熟知（之前只有那些接触过他的人才能有幸领略他学术的穿透力），而他真正名动天下的时候（大致在20世纪80年代），他已经接近生命的终点（1990年）。

我们可以很肯定的是，那些更早地领略了埃利亚斯作品的人都受到了他的影响。这其中包括后来美国的一位非常重要的人类学家艾瑞克·沃尔夫（Eric Robert Wolf），他在自己的著作里就特意提到过他当年在英国的难民营里就听过埃利亚斯的讲座，而且他认为这给他留下了非常重要的印象。

另据范·克里肯（Van Krieken，1998，p.37）说，福柯甚至翻译了埃利亚斯的一篇东西《临终者的孤寂》（"The Loneliness of the Dying"，但是从来没有出版）。这不奇怪，福柯和埃利亚斯的相似之处很早就有人注意到。据说在1969—1970年间，德国的学生一手拿着的是埃利亚斯的《文明的进程》，另一手拿着的是福柯的《规训与惩罚》（*Discipline and Punishment*）。

此外，还有那些有幸接触过埃利亚斯的人，尤其是在莱斯特（Leicester）大学听过埃利亚斯课的人（对这段历史的回顾，见Brown，1987）。这些人其中就包括吉登斯（Giddens）。可吉登斯不仅没有承认他受到了埃利亚斯的启发，甚至还故意贬低埃利亚斯的贡献（见Giddens，*The Constitution of Society*，1984，129，241–242）。对吉登斯的回击，见埃里克·邓宁在《关于埃利亚斯的〈骑士生活场景〉的评论》的文章(Eric Dunning, "Comments on Elias's 'Scenes from the Life of a Knight'", *Theory, Culture & Society*, 1987, 366–371. 也请见下面的讨论)。有趣的是,布朗(Brown, 1987)对埃利亚斯在莱斯特大学的回忆只字未提吉登斯。

埃利亚斯的著作颇丰。这里我只能谈谈我对他的三部著作的体会(他的其他著作我没有仔细读过)。第一本是《文明的进程》(Blackwell, 1994)。毫无疑问,《文明的进程》是最伟大的社会学著作之一。你如果没有读过这本书,一定是终生遗憾呀。[一定要注意的是,《文明的进程》最开始是拆分成两卷出版的,这造成了很多的混乱和误解。请各位只读布莱克威尔出版公司(Blackwell)1994年出版的完整版本。]

另一本著作是《个人的社会》(*The Society of Individuals*, 以上两本书均有中文翻译本)。《个人的社会》中的第一章就叫"个人的社会",这一章原本是《文明的进程》的理论部分,但是出版商认为《文明的进程》篇幅太长了,所以这一章后来就被单独出版。这本书的其他两章也不错,尤其是对于理解他对"个人"(individual)和"社会"(society)之间关系的理解也是很有帮助的。不过这本书比起《文明的进程》的冲击力要小得多。

他的另一本书《什么是社会学?》(*What is Sociology?*)也

不错，但我认为远不如《文明的进程》和《个人的社会》。对于现在的社会科学的学生来说，这本书的大部分内容有些显得过时。不过其中讨论"形态化"（figuration）的部分（13–19, 128–133）对于理解他的形态化社会学是有帮助的。

他的《宫廷社会》（*The Court Society*）可以看成是《文明的进程》的序章，他的《德国人》（*The Germans*）则可以看成是《文明的进程》的延续，可惜这两本书我没有看过。许多人都评价他的一本合著《老居民与外来者》（*The Established and the Outsiders*）也是一本很好的书，不过我没有看过。

本文先讨论两个问题。

第一个问题，为什么埃利亚斯的工作会如此精湛，以至于即使现在我们读起他的著作来还会感叹他当时的洞见和观察力。我个人认为，他的研究能够综合运用11个"社会科学的基础范式"是他的工作超越其他人的关键原因之一。我读《文明的进程》的时间应该是在我将《社会科学的基础范式》这篇文章写完之后（2008年底左右，太晚了），也就是在我对社会科学的基础范式有了一个相对完善的认识之后。让我最感叹的就是他在这本书中基本上囊括了我提到的11个范式。尽管他没有具体去论证每一个范式，但是如果你认真去看《文明的进程》这本书对整个欧洲社会变迁的理解，你就可以看出，他事实上运用到了我所提到的所有的11个范式，包括

"社会演化范式"。[不过他用的词不一样，偶尔他也称之为"社会演化"，更多的时候他称之为"社会发生学"（sociogenesis）或心理发生学（psychogenesis），但是我想这是异曲同工的。当然，我自认为我对社会演化的理解比他会更好，毕竟我们已经有了更多的知识积累。]实际上，整个《文明的进程》一书就是讲思想观念和物资力量如何互动，通过行为体行为的互动造就出了现代西欧世界。因此埃利亚斯完全可以说他自己的研究对象就是关于社会演进的普世意义的问题。

第二个问题，在一定程度上是因为埃利亚斯的研究能够综合运用11个社会科学的基础范式（这也再次表明你能够运用的基础范式越多，运用的方式越精湛，你的研究就一定会越好），埃利亚斯实际上预见了（anticipated）社会科学中后来的很多辩论、理解和观念。由于他的第一本书《文明的进程》是1939年在荷兰以德文出版的，而且一直到1979年左右才被翻译成英文，所以这本书可以说是沉睡了将近半个世纪才得到公认。如果我们能够早就读到他的著作，社会科学的一些进程可能都会有所改变，至少以下的一些学派可能都不会这么幼稚，一些辩论也不再重要。

首先，如果我们能够早些读到他的著作，结构功能主义在社会学（还有国际政治）也就不会这么有压倒性优势了。至少帕森斯（Parsons）对美国社会学的黑暗统治会早就结束。斯考切波（Skopcol，1979）和华尔兹（1979）恐怕也不会这么理直气壮了。

在这一点上，比如埃利亚斯通过社会发生学或心理发生学，把宏观的社会演进过程和社会里面个人的心理学演进过程非常巧妙地结合起来。从这点来看，他和福柯的研究实际上有非常多的相似之处。只不过福柯讨论得更加久远（从古希腊开始），埃利亚斯则更多的是从中世纪开始讨论，但他们的研究取向事实上是非常接近的。他们都讨论了权力的形成、运用、扩展、制度化、渗透、变形的过程。再有，事实上，埃利亚斯已经认识到后来吉登斯提出的"结构化"（structuration），尽管埃利亚斯用的是另外一个词"形态化"（figuration），或者是"构型"（configuration，不过他1969年之后就不用figuration了）。虽然我没有确凿的证据，但基本可以确定吉登斯在一定意义上是受到了埃利亚斯的影响（埃利亚斯在莱斯特大学教过吉登斯），而吉登斯却没有直接承认埃利亚斯对他的影响（这也是范·克里肯，1998年的暗示。吉登斯一直到1992年才大致承认埃利亚斯的地位，但他仍然不承认埃利亚斯对他的影响）。我认为埃利亚斯对"形态化"的讨论远远超过吉登斯所谓的"结构化"。［不过埃利亚斯和吉登斯一样，埃利亚斯没能很好地定义"形态化"，就像吉登斯对"结构"（structure）和"结构化"的定义前后经常不一致。］因为埃利亚斯的讨论有非常翔实的研究,所以远比吉登斯对"结构化"或"结构"只是在形而上层面的讨论更有说服力。而埃利亚斯本身对于"能动性—结构"(agency-structure)这样的提法是彻底批评的。[对所谓的"能动性—结构"问题以及帕森斯和吉登斯的批评也可见兰德尔·柯林斯(Randall Collins,1992)、洛亚尔和巴尔内斯(Loyal and Barnes,2004)的相关著作。]事实上,埃利亚斯的形态化(加上系统的眼光)就是想"消解"(dissolve)"能动性—结构"的二元对立(范·克里肯,1998,56)。(我对这一问题的认识的转变也使得我号召大家 "打倒结构主义",尽管"结构"这个词恐怕是无法从社会科学中踢出去了。在我写的第三本英文著作里我将详细讨论这个问题。)

同样地,如果我们能够早些读到他的著作,那么经济学所膜拜的"方法论上的个人主义"(methodological individualism)也早就被视为笑柄了。

其次,埃利亚斯所研究的社会学的核心之一是"过程"和"关系"社会学(process-oriented & relations-oriented)。这也就意味着,在美国的"历史社会学"成为一个学派之前,埃利亚斯所研究的社会学就已经昭示了社会学必须是历史的。而显然,我们也就不能说西方社会科学更多的是强调"实体",而不重视"过程"和"关系"。在这一点上,埃利亚斯的工作和皮埃尔·布迪厄(Pierre Bourdieu)的工作有许多相通的地方,尽管他们用的词语(标签或概念)都不一样。

再次,埃利亚斯对社会发生学(sociogenesis)和心理发生学(psychogenesis)的综合在一定程度上揭示了社会心理学、演化心理学应该被综合成为"社会演化心理学"(Social Evolutionary Psychology)。在这一点上,埃利亚斯对"习性"(habitus)的起源和演进的理解尤其令人惊叹。[事实上,他本人明确反对将社会学、历史、心理学分开(Elias, *The Society of Individuals*, 33–40)。]

再次,埃利亚斯在20世纪30年代已经讨论到了所谓的"意想不到的后果"(unintended consequences),而且他的讨论远比罗伯特·莫顿(Robert K. Merton)在1936年出版的文章《社会行动的意外后果》("The Unanticipated Consequences of Social Action")要好很多。埃利亚斯明确强调社会秩序(order)作为结果,不是由一个人,或是一个群体、一个阶级的主动设计而出现的。事实上,这些秩序和结果是因为很多人(尽管有时候他们设计,或者有时候他们不设计)之间的相互作用而造就的,这些秩序和结果是历史上所有的人都没有预见到的。而且埃利亚斯有力地证明了,即便是这种"意想不到/计划外的秩序"(unintended/unplanned order)也离不开暴力。从这点来说,埃利亚斯的讨论很早就推翻了哈耶克所谓的没有争斗和设计的"自发秩序"(spontaneous order)。也就是说,尽管埃利亚斯非常强调这种秩序(order)可能不是一个人或者一些人设计出来的东西,但它是包含权力的相互作用的产物。

最后,埃利亚斯很早就意识到把(个)人当成是"自治因子"(autonomous agents)事实上反映了一种"人类中心主义"(anthropocentrism),而这一误区一直贯穿西方(社会)科学哲学(*The Society of Individuals*, 106–110)。从这一点上来说,埃利亚斯已经呈现了后来罗伊·巴斯卡(Roy Bhaskar, 1979)等科学实在主义者对既有的西方(社会)科学哲学的人类中心主义,及"认识的谬误"(epistemic fallacy)的批评。

有些人认为上述的五点并没有什么,似乎每一点都有人说过。不过这些人士误解了埃利亚斯的伟大之处:通过将"社会科学的基础范式"精妙地综合运用,埃利亚斯的工作远超他人。即便在今天,也没有太多的社会科学家能够做到这一点。(埃利亚斯能够这么做在一定程度上是因为他的学术训练相当多元:医学、哲学、社会学。)当然,这并不代表埃利亚斯就没有缺陷[比如他几乎不和其他社会学家的作品对话,除了孔德(Comte)、涂尔干(Durkheim)、马克思(Marx)、韦伯(Weber)和帕森斯之外。这肯定是不对的]。

要想对埃利亚斯有更多的了解,可以先看看以下这几本介绍性评介和评论文集:

(1)*Robert Van Krieken, Norbert Elias*, Routledge, 1998.

（很好地对埃利亚斯进行导读，清晰易懂。个人认为范·克里肯对埃利亚斯的理解也比较准确。）

（2）*The Sociology of Norbert Elias*，Edited by Steven Loyal and Stephen Quilley，Cambridge，2004.（这本文集都是一些相当优秀的社会学家写的，相当不错。）

（3）*Theory*，*Culture & Society*，1987，Issue 2，Special Issue on Elias.

（4）*Theory*，*Culture & Society*，1995，issue 3，Special Issue on Elias.

（5）Dennis Smith，*Norbert Elias and Modern Social Theory*，Sage，2001.［这本书将埃利亚斯和阿伦特（Arendt）、福柯、鲍曼（Bauman）、帕森斯作比较。］

（6）Stephen Mennell，*Norbert Elias:An Introduction*，Black-well，1992.

中文中对埃利亚斯的介绍有一些，各位自己上中国知网（CNKI）找吧。不过，这些（包括我的）介绍和评价都无法替代仔细读读他的《文明的进程》。

埃利亚斯对社会科学基础范式的精妙运用

本文以埃利亚斯具体的工作来谈他对社会科学11个基础范式的精妙运用。简言之,他使用到了我提出的社会科学的所有11个范式,而且他对基础范式的使用是我目前看到的所有作品中是最成熟的。这是一项非凡的成就。绝大部分社会科学家都和他的水平相差很远很远。

以下,我主要根据他的《文明的进程》一书,按照11个基础范式来讨论。

首先,埃利亚斯事实上赋予了物质力量以本体论的优先性,但同时非常强调物质力量和精神力量的相互作用(关于本体论层面的优先性、比重,认知论层面的优先性、比重这几个概念,我在我的《社会科学的基础范式》中简单提到了,详细的阐述则在我的另一篇社会科学哲学文章,"Priority Versus

Weight in Social Sciences:Ontoloqical and Epistemological")。
《文明的进程》强调,欧洲社会从前现代社会向现代社会迈进的过程中,即所谓"文明的进程",其中非常重要的基础性力量是"物质力量"(当然,人类社会中精神力量经常和物质力量一起发生作用),包括人口的增长、商业的发达、货币的出现、统一国家的出现等。当然,这些现象的出现一定要有来自于观念的力量,但它们确实是需要有一定的物质基础的。

　　主要以法国为例,埃利亚斯讨论了统一国家在神圣罗马帝国崩溃后的欧洲诞生的过程。他认为随着商业的发达,一些封建主可以征得更多的税,从而他就有了更多的钱,有了更多的钱他就可以招募更强大的军队,这样就可以逐渐地削弱其他封建主的抵抗。也就是说所谓的国王,一开始不过就是一个(小)封建主而已,他通过吞并逐渐地建立起一个统一的王国或者说帝国。这一过程其实非常像中国春秋以后秦朝的强大。埃利亚斯讨论更多的是法国,他强调这么一个过程就需要非常强大的物质力量作为基础。

　　埃利亚斯能够把对物质力量和精神力量的讨论结合得非常好,更是充分体现在他对"文明的进程"的讨论中。对他来说,"文明的进程"最主要的就是人所受的约束逐渐从外部约束变成了内部约束(所谓的内部约束是指人自己约束自己,人把社会的一些约束内化了)。(因此大家都变得"文明"了。这与福柯讨论的东西,特别是福柯在《性史》中讨论的东西是很相近的。)埃利亚斯在他的书里讨论了怎么擤鼻、怎么吃饭、怎么睡觉、怎么吐痰等非常微观的行为,然后他非常有力地解释了这些行为习惯是如何逐渐成为"文明的标准"。

其次,埃利亚斯也把个人主义和集体主义很好地结合起来。这充分体现在他不否认国王的重要,但也非常强调很多时候社会结果出现是因为很多人相互作用的结果,其中包括阶级的作用。埃利亚斯并不否认阶级,事实上他还讨论了传统的贵族、新兴的中产阶级(即后来所谓的资产阶级)以及平民这三个社会阶级与国王之间的相互斗争和博弈,最后造就了一些结果。这些结果在相当长的一段时间都是有利于国王的。因为其他的三个阶级不容易形成一个共同的行为者,所以经常会被国王分而制之(包括国王能对那些不同的封建主进行击破),这在埃利亚斯的讨论里面都是非常之翔实的,特别是在他的《文明的进程》的第二卷"封建化机制"(Dynamics of Feudalization)以及"国家的社会发生学(社会起源)"(On the Sociogenesis of the State)中。所以埃利亚斯对个体和集体之间的相互作用和综合的讨论也是做得非常好的。

在《个人的社会》一书中,埃利亚斯还触及了个人主义和集体主义的另一个根本话题:个人与社会(后来的一些人将这个问题进一步缩小,讨论个人与结构,或者是"能动性—结构"。比如帕森斯、吉登斯等。这个问题我在上一篇短文中已经批判过了,在此不再赘述)。埃利亚斯强烈反对将个人与社会当成对立的两个东西。他认为这是导致西方自文艺复兴,特别是笛卡尔之后的西方科学哲学以及哲学走向死胡同的一个重要原因(*The Society of Individuals*, 106–119, 196–202)。这和罗伊·巴斯卡所说的"认识的谬误"(epistemic fallacy)有异曲同工之妙。我同意该观点。

再次,埃利亚斯对人性的讨论也做得相当的完善。埃利亚斯认为,在没有中央集权国家出现前,封建主事实上对庄园内部的各种行为体的约束是相对宽泛的,而且庄园主自己本身不怎么约束自己,这从某种意义上就是那种后来让许多人(特别是法兰克福学派)特别怀念的而想回归的人类原初的所谓"自然状态"。事实上,那种状态也不见得是好的东西。[大家可以读读阿尔伯特·赫希曼(Albert O. Hirschman)的一本书《欲望与利益》(*The Passions and The Interests*),他也讨论了类似的问题,就是说资本主义的兴起,即所谓的"文明的进程",本身就是约束人的那种最开始的、自然的情感(emotion)和驱动力(drive)的过程。]福柯讨论的《性史》更是如此。

埃利亚斯承认人类心理(我所说的所谓"人性",见我的《社会科学的基础范式》一文)由两个组成部分:①生物进化决定的;②社会化的。埃利亚斯还特别强调了社会化一定会在某些群体里面导致一定程度的反社会化。也就是说,有些人会试图抵抗社会化所带来的约束。(从某种意义上来说,我们就可以说法兰克福学派就是受反社会化驱动的表现。我这里所说的反社会化没有道义上的含义,既没有褒义,也没有贬义,我在这里只是描述,这在我的《社会科学的基础范式》里面就特别强调过。)不过显然,埃利亚斯对反社会化的讨论远不如他对社会化的讨论,这是许多人批评他的地方(这些批评也并没有从反社会化的角度讨论,见范·克里肯,1998,114–129),也是埃利亚斯在后来有所修正的地方(这又一次印证了你运用的基础范式越多越好,你的文章就越好。反之亦然)。在一定程度上,埃利亚斯是第一位真正意义上的社会演化心理学家。

再次,埃利亚斯对和谐和冲突这对范式也做了非常好的综合,他强调社会有"受管制的合作"(compulsory cooperation),但他更强调的是冲突的部分(我认为他肯定是对的)。埃利亚斯认为社会的很多结果往往是因为不同的个人和群体出于不同的利益而相互争斗(有时候是暴力的争斗),但很多时候又不得不进入一定的合作状态,这种合作状态背后也有权力(power)的作用(因此叫作受管制的合作)。也就是说,埃利亚斯非常强调权力,但又不排除和谐(harmony)、合作或者是协调(coordination)。这一点充分体现在他后来对"分工"(Division of Labor)的讨论上。因而从某种意义上来说,埃利亚斯也在和涂尔干对话,他实际上更早、更翔实地解释了"分工"或者说"有机的分工"(Organic Division of Labor)是怎么来的。

再次,埃利亚斯显然已经充分掌握了社会科学范式的运用。因为他把上述基石性的范式运用得非常好,非常精炼,所以他显然是具有非常好的社会系统的眼光。

最后,也是最令我惊叹的是,埃利亚斯是我到目前为止读到过的、仅有的几位对社会演化理解得非常充分的理论大师之一。在20世纪30年代末的时候,我们对生物进化理解得还是不太够,因为直到脱氧核糖核酸(DNA)双螺旋模型的出现,我们对遗传物质的理解事实上是非常不够的。但是埃利亚斯在1936年写出来的东西已经向我们展示了社会演化范式能够带来的解释力,它不仅能够解释微观和宏观,而且能够解释微观上的作用积累到一定程度就能够推动宏观上的演进, 而宏观上的演进最后又会倒过来约束微观上的演进 [所以社会演化范式可以在两个不同的层次(个人、体系),乃至多个层次之间游走]。在他的讨论中,心理层面上的东西和社会层面上的东西相互作用,共同形成某一个"形态化"(figuration)的东西。他后来在《个人的社会》的一些讨论也很好。

如果大家想听听我对埃利亚斯有什么特别致命的批评，好像没有！我对他唯一的批评就是他没能详细阐述这11个范式，尽管他非常精妙地运用了它们。（当然如果他这么做了，我就没有必要写我的那篇文章了。）

总之，我觉得他是20世纪乃至人类历史上最重要的社会科学家之一，他的价值到今天还是远远被人们所低估。很多鼎鼎大名的学者（比如吉登斯）其实远不如埃利亚斯。

因此我希望大家能够真正地、好好地把《文明的进程》读一读，并且学会欣赏和品味埃利亚斯的宏阔视野和精细研究（如果有空，也应该读读《个人的社会》）。我觉得这是非常值得我们去学习的。有的人能做宏观的研究，却不能做微观的研究，有的人正好相反。埃利亚斯却告诉我们，这两种研究都可以做，但需要把它们结合好了，或者说必须把它们结合好了，这样才能做出极其重要的工作。

肯尼思·华尔兹(一)

毋庸置疑,肯尼思·华尔兹(Kenneth N. Waltz)在国际政治领域中的巨大和深远的影响无法被重复,当然,也就无法被替代。这也许反映了社会科学和自然科学的不同之处。在自然科学中,如果一个科学家一时错过了一个"重大发现",多半会有别的科学家能够补上。而在社会科学中,任何理论的构建都带有创作者本身强烈的个人色彩,因此很难出现一样的理论建构。像摩根索虽然名声在外,但是就其思想的深邃和完善而言,沃尔弗斯在一些地方显然做得更好。同样,卡尔(E. H. Carr)的地位虽然可能远在尼布尔(Niebuhr)之上,但尼布尔的理论显然比卡尔更有前瞻性。

我个人认为,华尔兹的影响主要源于他的《国际政治理论》(简写为 *TIP*)所引发的一场国际政治领域的"结构主义革命"。这种情形类似于1940—1960年在美国社会学领域中赫赫有名的帕森斯(Talcott Parsons)和莫顿。有人曾开玩笑说，帕森斯和莫顿的"结构功能主义"(structural functionalism)对于社会学的发展既是巨大的推动，同时也是严重的阻碍。我想这句话也大体适用于华尔兹之于国际政治科学。(比如我们也许可以这么说，后来基欧汉、温特其实都是在"何谓结构"上做文章。)

对于华尔兹和结构功能主义的关系，早已有学者讨论过，如丹尼尔·内克松(Daniel Nexon)、斯塔西·戈达德[Stacie Goddard，《欧洲国际关系杂志》(EJIR)，2004]。甚至我们可以有一个大胆的猜测，考虑到华尔兹1959年的著作《人、国家与战争》正是出版于结构功能主义的鼎盛时期，而结构功能主义倾向于认为结构是系统的重要组成部分，行为体的行为无不受到结构的制约。因此当时的华尔兹也许(甚至几乎肯定)是在潜移默化中受到这一理论的影响。[事实上，华尔兹在《国际政治理论》一书中，引用了涂尔干的观点(但没有引用帕森斯和莫顿的观点)。而一般认为，涂尔干是"结构功能主义"的鼻祖，尽管帕森斯声称他受韦伯的影响更多。]

谈到华尔兹的著作，大部分人自然会想到《国际政治理论》，的确，这是华尔兹最有影响力的著作。但是比较而言，我更欣赏他的另外两部作品。一是1959年的《人、国家与战争》。这本书通过对个人、国家、国际体系三个"意向"的划分，极大地推动了我们对复杂的国际体系的理解。另一个是他于1990年发表在《美国政治学评论》上的《核神话与政治现实》（"Nuclear Myths and Political Realities"），他对当时存在于美国政府内外在核武器、核威慑、美国核战略等诸多问题上的误区进行了有力的批判。这篇文章和杰维斯1989年的《核革命的意义：治国之道和世界末日的可能》，两者可以说是相互映照、异曲同工。同时文章整体简洁、明快而又犀利。

对于华尔兹本人，我肯定是非常钦佩的（只是不膜拜而已，我们不应膜拜任何人）。特别要提到一点，同摩根索一样，华尔兹在很早的时候就表达了反对越南战争的声音——他们在权力面前敢于直言（Speak Truth to Power）。

更难得的是，华尔兹还是少数一直不断强调美国的"军工复合体"对本国以及其他国家造成威胁的重量级国际关系学者。他认为，"军工复合体"是推动美国的军事力量扩张和对外干涉的重要力量。即使应者寥寥，华尔兹仍然坚持自己的立场，他不仅仅是敢于发声，更重要的是他对于"军工复合体"可能对美国造成的伤害一直保持着清醒的认识。[在一次对美国10位顶级国际关系学者的调查中，他仍旧这么说！大家可以看外交政策（Foreign Policy）网站上的报道。]从这一点来说，华尔兹是一个真正的知识分子！

[他的学生，斯蒂芬·沃尔特（Stephen Walt）在一次私下

交谈中则更进一步提出"军工复合体"和智库是一个更大的复合体。不过沃尔特好像从未在公开场合这么说过。]

一、对《国际政治理论》的赞美

华尔兹的《国际政治理论》是我们无法绕过的话题。《国际政治理论》这本书,我承认在1998—1999年期间读了至少三遍。很惭愧,第一遍几乎没读懂(前四章对于我当时的水平实在有些难),第二遍基本懂了,第三遍觉得这书对于国际政治的讨论其实缺陷太多。(当然,我在此之后,仍旧要不断面对这部著作。为了写这篇文章,我大致又读了一遍,特别是前四章。)

不过在指出《国际政治理论》的缺点之前,我先要说它的厉害之处。

首先,华尔兹在头四章中的讨论表明,他在当时国际关系学界,对于(社会)科学哲学的理解肯定是首屈一指的。现在读来,许多学者对某些东西的理解仍旧没有达到华尔兹当时的理解。《国际政治理论》的第一章全都是(自然)科学哲学,足见华尔兹对这部分东西的重视,里面有很多关于规律(Law)、模型(Model)、理论(Theory)、解释(Explanatory)、预测(Prediction)、归纳(induction)、还原(reduction)、演绎(deduction)的讨论。

　　另外，华尔兹很早就指出，归纳运作（inductive exercise，包括统计）所获得的关系，都只能给出一个事实，却无法给出理论。理论不是陈述事实，而是解释事实（*TIP*, pp.1-6）。因此我说过，理论永远试图告诉我们一些事实背后的东西。甚至华尔兹的讨论已经有点触及我们现在强调的机制（mechanism），尽管他用的词是动力（forces, *TIP*, p.10）。还有，华尔兹也特别强调了解释和预测之间的区别，尤其是"预测实现了"不见得是一个判定好的理论的标准（见*TIP*, pp.6, 19-20, 28）。不过华尔兹对于"预测"还是很在意的（比如华尔兹，1993）。

　　其次，《国际政治理论》尽管比较薄，但华尔兹广博的涉猎表现得淋漓尽致，从社会学[比如他引用了凡勃伦（Veblen）、熊彼特（Schumpeter）、斯廷斯凯姆（Stinchcombe）]、政治经济学到科学哲学，当然还有国际关系。这再一次印证，只读国际关系做不好国际关系研究，只读政治学做不好政治学研究。[当然，这也意味着国际关系其实没有贡献太多的原创的"（原）理论"（original ideas、original prototype-like theory）。]

　　最后，他批判了此前的"还原论"（reductive），或者说是假的系统（systemic）理论。华尔兹横扫当时的国际关系学界[他"刷"的都是，比如雷蒙·阿隆（Raymond Aron）、卡尔·多伊奇、摩根索、莫顿·卡普兰（Morton Kaplan）、辛格（Singer）、霍夫曼

（Hoffman）、沃勒斯坦（Wallerstein）之辈]，实在是"狂傲"，许多批评之处犀利、深刻（特别是第三、四章）。

二、一点儿花絮

当然，我没有像张睿壮老师那样能够幸运地得到华尔兹的口传心授，但我还是很庆幸修读过他所开设的国际安全战略课程。该课程是他在伯克利大学的"最后一课"，之后华尔兹就光荣退休，回到哥伦比亚大学[他的母校，他是威廉·福克斯（William T.R. Fox）的学生]。课程的读本主要是他和罗伯特·阿特（Robert Art）编的《使用武力》（*The Use of Force*）加上另一个装订的读本，以及一些其他的东西。

很令人沮丧，我在他的课上拿到了一个C（我觉得他也许认为我其实"不及格"）。不过正是在他和罗伯特·鲍威尔的课上，我开始认为自己也许可以做一点点理论研究[2005年我关于信誉（reputation）的那篇文章就是从那时开始阅读和构思的，因为我发现谢林所说的很多东西直觉上听起来有道理，但是好像不对。因此在一些课上拿C仍然有可能成为优秀的学者]。

附华尔兹的访谈：http://globetrotter.berkeley.edu/people3/Waltz/waltz–con0.html。

另外，杰维斯在他1997年的《系统效应》一书中，专门用了一章讨论华尔兹（1979），足见杰维斯对华尔兹的尊重（尽管杰维斯也同样批评华尔兹）。而华尔兹对杰维斯也称赞有加（《国际政治理论》，前言）。杰维斯（1987）还写了一个东西特意讨论华尔兹的贡献。见http://www.jstor.org/stable/pdfplus/419246.pdf。很有见地，鼓励大家一读。

肯尼思·华尔兹(二)：
对《国际政治理论》的批评

一、简洁的代价

1.单一解释变量

正如华尔兹自己也承认，他的理论的核心假设之一，即
"国家寻求生存"，是"极端地简单化"（Radical Simplification,
TIP, pp.91-92），是为了构建理论而做（因为理论构建都需要
一定程度的简化）。这就意味着，他的理论是一个极端的简
化，而这一点经常被他的追随者和反对者所忽视。具体说来，
在他的整个理论中，唯一的变量（真正变化的！）是权力的分
配（Distribution of Power）或者说是"极"。也因此他将理论的
简洁做到了极致。而显然，要解释他想解释的复杂社会事实

（即为何欧洲的多极体系战乱频繁，而冷战的两极体系却是和平的），只用一个解释变量几乎是不可能达到解释目标的。因此不是"越简洁越好！"只有当两个理论有同等的解释力时，更简洁的理论才越好！事实上，华尔兹自己在1979年就强调"一种理论的效能是由理论的解释力和预测力来判断的。"[usefulness(of a theory)is judged by the explanatory and predictive powers of the theory that may be fashioned.]，还有他在1996年也提到过。

　　而华尔兹在1990年发表的《核神话与政治现实》和他与斯科特·萨根(Scott Sagan)辩论时的名言"更多的(核武器)可能会更好"[More(nuclear weapons)may be better."]都暗示了相互确保摧毁(MAD)的核威慑事实上可能是促进美苏两极形成"既和平又稳定"局面的重要因素。因此华尔兹事实上已经为他在《国际政治理论》中的理论增加了一个新的解释变量。他其实修补了自己的理论，以更有力地解释美苏两极下的国际现实。不过总体来说，他对他的理论仍然秉持竭力捍卫的态度(比如他于1993年和2000年在《国际安全》上发表的文章)。但是这样的修修补补对他的理论是杯水车薪：因为他的理论实在太极端了。

　　[注意，华尔兹说的"结构"的"稳定"(stability)是一个结构的"持续"(durability)，而不是某一个结构下"无战争"(peacefulness）。他一开始把这两者混淆起来（1964），后来他自己区分了这两个东西（*TIP*, p.40；也见Waltz, 1993, p.45）。相比之下，杰维斯（1987）还把这两者混淆起来。不幸的是，我们很多人在讨论或引用华尔兹时，还在混淆这两个不同的东西（stability/durability vs. peacefulness）。

更为重要的是，尽管从概念上区分"持续"和"无战争"肯定是必要的，但华尔兹却可能忽视了这两个东西是有密切联系的。之前的两极体系存在时间都不长，其最核心的原因就是因为体系中的两个大国最后都进入了直接的战争状态。］

2.单一案例

《国际政治理论》对于历史素材的运用，基本局限于一战、二战以及冷战，进而从有限的史实中抽象出一般意义上的结论——两极比较和平，多极容易爆发战争。我想这样的做法肯定是欠妥当的。如果我们将历史的视角拉得更长、更广一点儿，可以知道诸如雅典—斯巴达、罗马—迦太基，马其顿—波斯等的两极时代都是以战争结束。更近的时候，法国—西班牙，法国—英国的两极世界也都以战争结束。

因此当我们观察更多的历史时，很容易发现，"极"仅仅是决定一个体系里是否爆发大国战争的因素或解释变量之一［"极"本身并不是华尔兹的发明，同样，无政府状态（anarchy）与等级制度（hierarchy）也不是他的发明］。

总之,华尔兹将他的整个理论建立在一个解释变量之上是很有问题的。更糟糕的是,他的解释对象也仅仅是一个案例。(更确切地说是,这一事实是"前冷战时期与冷战时期的不同")。从方法论上讲,基于单一案例(作为被解释的事实)的理论肯定是有问题的,除非你是推翻别人的一个一般性(Universal)的理论。[换句话说,没有可控变量(controlled)的比较的东西基本上不是(社会)科学。]而这样基于一个案例构建出来的理论,其解释力肯定是有限的。

因此一点儿都不奇怪,对华尔兹的《国际政治理论》最多的批评之一就是它的理论解释力很小,而且是不变的(static,这一方面是说《国际政治理论》不能解释变化,另一方面其实是换一种说法说《国际政治理论》的理论解释力很小。除了他自己的案例之外,全然不行)。

用我们的一句俗语说:《国际政治理论》是一个 "软柿子",谁都可以捏一捏。

二、偷换概念?

华尔兹在《国际政治理论》可能还犯了一个(不易察觉的)偷换概念的错误。他先是讨论系统理论(systemic theory),并且强调:"a theory of international politics is systemic only if it finds part of the explanation of outcomes at the international-political level."（*TIP*, p.39）这句话意味着，只要一个国际政治的理论包含了系统层面的解释变量就是一个系统理论，即便这个理论还有其他层面的解释变量。（更确切地说，系统层面的解释变量是最核心的解释变量就可以声称是一个系统理论。）但是这句话并不拒绝其他层次上的变量。更重要的是，系统理论不等同于结构理论。华尔兹对系统的定义表明：他认为系统只有两个部分，结构和行为体［所谓的"能动性—结构问题"（agent-structure problématique，见 *TIP*, p.40］。之后他几乎主要是讨论结构对行为体的约束（特别是第六章）。比如第107页，"结构使得行为体产生它无意产生的后果。"（structures cause action to have consequences they were not intended to have.）第117页，"结构性限制解释了为什么这些方法在使用者之间被反复使用。"（Structural constraints explain why the methods are repeatedly used despite differences in the persons and states who use of them.）第122页，"此外，结构理论获得了合理性……"（Structural theories, moreover, gain plausibility…）

因此他的理论被称为"结构现实主义"（structural realism），而不是"系统现实主义"（systemic realism）。

但这一理解，即系统理论大致等于结构理论，在我看来，一定是错误的。系统要比这两个部分多得多(杰维斯应该也会同意)。更糟糕的是,他的理论只有一个结构变量! 而他此前说:"在系统理论中,系统的结构中提供了行为与结果的部分解释。"(In a system theory, some part of the explanation of behaviors and outcomes is found in the system's structure. *TIP*, p.73)。既然如此,为何他要发展一个"纯粹的"结构理论?

三、制衡行为,还是"事实上的均势"?

华尔兹的理论事实还试图解释了另一个"结果"或者说是"因变量",那就是均势。华尔兹认为均势是一个"(自然)规律"[(natural) law], 而如果他的理论能够解释这个规律,那不是就很"牛"! 但是华尔兹自己却没有很清楚地说明,他到底解释的是:制衡行为(balancing behavior),还是"事实上的均势"(de facto balance-of-power),还是两个东西一起解释。他在《国际政治理论》中多处的说法是矛盾的。比如第57页,"在国际政治中,均势只是一种在无政府状态下单位行为结果的理论"(In international politics,balance of power is simply a theory about the outcome of units'behavior under conditions of anarchy.)。

第117页,"均势理论试图解释这种方法产生的结果"

（Balance-of-power theory purports to explain the result that such methods produce.）。

第118页，"均势理论主张解释国家行为的结果，在一定条件下，这些结果的出现并不体现行为者的动机或所包含的政策目标"（Balance-of-power theory claims to explain the results of states'actions,under given conditions,and those results may not be foreshadowed in any of the actors'motives or be contained as objectives in their policies.）。

第119页，"均势理论主张解释（均势反复形成的）一种结果，这可能与任何行动相结合产生的结果的意图不一致"（Balance-of-power theory claims to explain a result（the recurrent formation of balances of power）,which may not accord with the intentions of any of the units whose actions combine to produce the result.）。

而有些地方，他又说，比如第121页，"均势理论盛行有且只有两个要求：无政府状态和居住于此的单位希望生存下去的愿望"（Balance-of-power politics prevail wherever two,and only two,requirements are met:that the order be anarchic and that it be populated by units wishing to survive.）。显然，在这句话中，他说的是制衡行为，而不是"事实上的均势"。

第125页，"我们发现，无论国家愿不愿意，都会形成均势。这一理论使我们期望国家以形成均势的方式行事"（We find states forming balances of power whether or not they wish to….The theory leads us to expect states to behave in ways that result in balances forming.）。

第128页，"从理论上，我们可以预测，无论均势是否是行为的结果，国家都将参与均势，并预计系统中的均衡倾向"（From the theory, one predicts that states will engage in balancing behavior, whether or not balanced power is the end of their acts. From the theory, one predicts a strong tendency toward balance in the system.）。

显然，制衡行为比较好解释：自保（self-help）行为的一部分，甚至绝大多数都是制衡行为。但这又有循环论证的嫌疑：自保等于制衡，因为华尔兹认为制衡是正常的，而从众（bandwagoning）不正常。（又见鲍威尔1994年的批评，以及我2010年提及的文章。）

但是"事实上的均势"的形成就难了。正如华尔兹所指出的那样，这一结果的出现不完全取决于行为体的目标和行为（而且华尔兹认为，即便国家不一定想形成"事实上的均势"，而只是想"自保"，而结果是"事实上的均势"仍旧形成，那他的理论就更"牛"）。许田波（Victoria Hui）和康灿雄（David Kang）主要都是在挑战"事实上的均势"的形成［即第128页，"从理论上预测系统中的均衡倾向"（From the theory, one predicts a strong tendency toward balance in the system, p.128.］。

四、对系统理论的误解

华尔兹对系统理论的理解过于"静态"（static，这和"结构功能主义"极其相似）。比如他说："系统理论应该能解释连续性。它告诉人们期望什么，为什么期望它。系统理论应该能解释重现和重复，而不是变化。"（Within a system, a theory explain continuities. It tells one what to expect and why to expect it. Within a system, a theory explains recurrence and repetitions, not change. *TIP*, p.69.）

事实上，系统理论，特别是好的系统理论应该既能够解释稳定（不变），又能够解释变迁，包括系统的大变革（transformation）。当然，这需要"（社会）演化的眼光"，而这恰恰是华尔兹不具备的。（因此我的《国际政治的社会演化》是一个系统理论，它既解释系统的稳定，也解释系统的转化。而我的理论却肯定不是一个"结构"理论，而是一个系统理论。）

五、稍微谈一下（社会）科学哲学

华尔兹受波普、库恩、拉卡托斯的影响很深，也包括弗里德曼（Friedman）。尽管弗里德曼和其他几位的科学哲学差别很大［总体说来，波普等人比弗里德曼更接近科学实在主义（scientific realism）。尽管华尔兹没有引用弗里德曼，但他对假设（assumption）的讨论非常接近弗里德曼对假设、模型（model）的讨论（*TIP*, p.6）］。而波普、库恩、拉卡托斯都基本没有讨论社会科学哲学（见Elman & Elman, 2003）。这也许也是华尔兹无法将他的理论建立在更加合适的社会科学哲学基础上的一个原因。简单说来，在那个时代，大部分社会科学家都还是受自然科学哲学的影响太深，对于波普之后的东西了解甚少。

此外，华尔兹认为理论只是解释"规律"，肯定有些狭隘。至少在社会科学中，我们的很多理论都不是解释规律。在社会科学中，也许没有太多的规律。更重要的是，他对还原（reductive）理论的批评是不公正的：理论建构时，归纳（inductive）、还原、综合（synthesis）都是必要的，演绎（deductive）也是必要的。但是还原的对立面应该是综合，而不是演绎（deductive）！因此华尔兹不能声称，只有"结构"理论才能是终极的理论

(华尔兹,1959)。况且纯粹的"结构"理论几乎是不可能的(鲍威尔,1994),也肯定不会是好的理论。

六、结语

因此从一定意义上说,《国际政治理论》的深远影响并不在于这本书的理论有多好,而在于华尔兹的"极端理论化"(Radical Theorizing)。《国际政治理论》的理论成了每个人都能批评的靶子,而这才是这本书对整个国际政治理论研究产生巨大推动作用之所在。有人甚至开玩笑说,一堆美国的学者靠批评《国际政治理论》成了名家。

当然,鉴于《国际政治理论》这本书巨大的影响力,它带给我们思想上的阻碍也同样深远。与帕森斯等社会学家心目中的结构有所不同,华尔兹的结构并非观念、制度,而是物质结构。虽然基欧汉、奈以及温特等人在结构的基础上加入新的因素,诸如相互依赖、国际制度(固化的观念)、观念等。但即便如此,仅仅通过结构来理解体系是远远不够的,因为真实的体系不仅仅包括结构以及各类行为体,而且还有许多不能被结构所捕捉的性质(Properties,比如整个体系的基本性质是进攻性现实主义体系或者是防御性现实主义体系)。而这些体系性质对于我们理解自己所处的这个世界也是非常重要的。[我将在我的《国际政治的社会演化》(*Social Evolution of International Politics*)的最后一章进一步"攻击"结构主义。]

罗伯特·鲍威尔

毫无疑问，我从罗伯特·鲍威尔（Robert Powell）身上直接学到的东西是最多的。我选过他的一门课，他也是我硕士论文答辩委员会（Committee）的主席（Chair）。［但我不能算是他正式的学生，因为我没有读（国际）政治学的博士。］

鲍威尔是彻底的理性选择理论（Rational Choice）加博弈论（Game Theory）者，他的博士学位是经济学。据我所知，他迄今为止写了两本书。第一本书的最后几章，我是看不懂的，是用复杂的博弈论来讨论核威慑（Nuclear Deterrence）。因为看不懂，我不好评价他这本书。我只是觉得大家如果看了华尔兹在1990年《美国政治学评论》（APSR）上发的那篇《核神话与政治现实》的话，就会觉得也许核威慑没那么复杂。

鲍威尔的第二本书，《在权力的阴影下》（*In the Shadow of Power*, Princeton, 1999），我强烈推荐大家好好看看。在这本书里,他用的模型并不是十分复杂。而且我觉得他在这本书里做得非常好的一点是,能够用一些比较浅显的语言把博弈论的一些东西阐述清楚。书中的一些模型都有一定的广义,很多场合可以直接套用或者略微改进一下这些模型,就能说明一些东西。当然,我以前就说过,博弈论只是逻辑的一种,它只是一个形式逻辑/形式模型(Formal Logic/Formal Modeling),并不是逻辑的全部。逻辑事实上可以包容更多的东西,包容更多的变量,也能够理解一些更加复杂或者博弈论无法建模的东西。

我觉得我从鲍威尔身上学到了三个最重要的东西。

一、关于结论

第一个是他无意中说的一句话:"很多时候,理论家的一些看起来不同的结论,事实上是因为有一些他们没有说出来的隐藏的假设(Hidden Assumption)在作怪或起作用。"(他好像是在课上说的,或者是我向他提问,或者是他后来看我的文章时说的。)我觉得这一点对我的启发非常大。

比如我后来对米尔斯海默的进攻现实主义(Offensive Realism)的批评就是这样的:他那五个假设是不能推导出(至少他不能很信服地说服我们能够推导出来)"国家必须要

采取进攻性的战略才能够在丛林(Jungle)里生存"这样一个结论的。

又比如我常说温特1992年的那篇文章"Anarchy is what states make of it"特别特别地好。温特事实上提出，华尔兹(1979)有一个非常隐藏(hidden)的假定，就是无政府状态(Anarchy)是不变的，而且一定是"竞争的"[competitive,更确切地说，是"根本性冲突的"(fundamentally conflictual)]。然后温特说，无政府状态事实上是可以变的,存在着不同状态的无政府状态。(更确切地说,是人类历史上存在不同冲突程度的国际政治体系。这将在我的《国际政治的社会演化》一书中得到深入和全面的阐述。)

二、关于教课

我从鲍威尔身上学到的另一个重要的东西是关于教课。当然,我在他的基础上作了一些改善;但是有两点我是直接从他身上学的。

第一点是"期末考试"。他给我们上的课是要考试的(是开卷考试),而我在加州大学伯克利分校上的大部分课都是期末写一个论文(Term Paper)。我觉得如果学生认真的话,也许学期论文还是不错的:写的东西可能还有些用,或者最后甚至还能发表。但是大部分时候，特别是硕士生或者硕士生与博士生混杂在一起的课，指望他们写的学期论文能写得比较好，恐怕是不切实际的。所以我觉得，对于硕士课程来说，还是期末（开卷）考试比较好。（我在社科院开过一门课后就意识到这一点。那门课还是要求学生交期末论文的。）

此外，鲍威尔出的题都很有意思（不过很遗憾，他原来的题我没有保存下来）。我现在出的一些题，也许在一定意义上接近他的某些风格。

第二点就是对课堂讨论的把握。我也是在他身上吸取了一些东西，然后有所改进。他在课堂上通常都会提出一些和阅读材料有关的问题（他肯定是事先准备的）供大家讨论。我觉得这样要比让学生来讲讲某一篇文章或一本书的内容要好得多。不过他不是事先就把问题发给我们。这样做的缺陷是我们对问题既没有太多的准备，有些问题（这些问题可能很好）可能事后又都忘了。

因此我现在的课不仅仅是要求学生在某一次课前必须读哪些东西，而且还会提出一些非常具体的、有一定挑战性的问题。这些问题的目的之一是帮助我们去思考文章里面的问题。如果老师能提出一些供课堂讨论的问题，而且这些问题通常不能只看一篇东西就都能解决，那就会让同学们更好地去带着问题看这些文章。如果只是让一个学生讲一讲这篇文章讲了什么,那太容易;而且学生可能只看这篇文章,把它讲完了就结束了,别的就可以不看。我觉得这对学生的成长是不够好的。(很抱歉,我在社科院第一次上课的时候,还只是让学生来讲讲某一个读物的内容。)

从鲍威尔教课吸取的东西,加上我自己的经验教训大概揭示了了为什么从我在社科院上过一门课后到现在,我所有的课的教授方式基本上都是这样的。(目前我只教过研究生的课。如果给本科生开课,方式肯定会不同。博士生的课我还是要求他们写论文,因为他们有发表论文的义务和任务。)

在这里,我也要稍微澄清一下,可能有的学生(也许还有老师)觉得我这么上课很懒,其实恰好相反。事实上,我讲一节课是很容易的。但是我讲太多的话,肯定不如学生自己去读文章学到的东西多,所以我就尽量少讲。但不是不讲,而是尽可能地在大家回答问题的时候做些点评。毕竟,无论我怎么讲,我不可能把一篇文章全部讲完,或者完完整整地复述一遍,那样就没意思了。

因此在我的课上,我假定指定的文章你(指学生)都读过,所以我假定你来回答问题的时候,你是有一定基础的,是可以回答这些问题的。而且我觉得同学们随着课程进展会发现,自己确实能解决某些相对有点难的问题。

从某种意义上说,作为老师,我觉得自己最花时间的恰恰是提出这些问题。因为要提出这些问题，我必须把这些材料都读懂，而且还不能只读这些材料，还得读些其他东西，然后才能提出一些有意思的问题。这些有意思的问题在某种程度上都可以写成一篇文章，或者一篇硕士论文。

（另外，我个人认为，对于研究生的课，老师必须不断更新阅读材料，如果一门研究生课程的阅读材料2—3年都没有更新，至少可以说老师对于最近的研究是不太跟踪的。这肯定无法让学生了解研究的进展和快乐。）

也就是说，我希望我的课能够教给学生一个非常重要的能力，那就是"问出好的问题"。我记得对学生说过，如果你能提出一个好的问题，你的论文就接近完成了一半。这种说法虽然有些夸大，但"三分之一"还是恰当的。如何从文献中、从经验事实中找出一个比较好的问题，这是好的研究人员最重要的素质之一。

三、关于推导的严谨

我从鲍威尔身上学到的第三个重要的东西，就是推导的严谨。[这个东西不是只有博弈论才能够做到（你知道一些博弈论肯定还是有帮助的）。]其核心就是你要强迫自己不断地推敲自己的推导。因此你写好文章后不要着急去投稿。第一，你要请别人看。第二，在请别人看之前或之后，甚至在别人提了一些问题你修改了之后，你还要再想想别人还能怎么反驳你。

特别是对于好的英文期刊来说，如果你留下的漏洞太多、太明显的话，你的文章基本是没希望的。这就是为什么你不要急着去投稿。你必须想一想你的编辑、你的审稿人，或者任何一个读者，会试图怎么"攻击"你。你至少要把自己能想到的这些漏洞加以弥补，或者说明你有些东西没有做，或者说明你没做是为什么。

这大致解释了，为什么无论我的文章还是其他很多人的文章，经常会有一大堆的"说明"（Caveats）。这些"说明"事实上就是为了预防一些别人的攻击。当然，"说明"预防的东西不应该是"硬伤"，而是避免不必要的误解。比如说一篇文章你只能讲这个问题，不能讲另外一个问题，但是另外一个问题可能又与这个问题联系非常紧密，怎么办呢？那你就说我这篇文章不讨论这个问题，下一篇文章或者别的地方我会讨论这个问题。

这是非常重要的。它将大大有助于你的文章投出去之后能够被接受，或者能够获得"修改并重新提交"（revise and resubmit，R&R）。事实上，现在修改并重新提交已经是非常好的结果了。[我到现在投了那么多稿子，大概只有两三篇是第一次就被接受了的,而且只有一篇文章是直接投到一个期刊然后就被接受了的。很多时候,都是投了一个期刊被拒绝(reject),然后改,再去投到另外一个期刊,再被要求修改一或两次才通过的。]说了这么多,就是说,鲍威尔的这种对逻辑推演严谨的要求,会大大地增加你自己的逻辑能力,大大地提高你论文的写作水平,从而大大地增加你投稿的成功率。(当然,懂一点儿博弈的人可能有一定的优势,但是并非每个做博弈的人都能做到这一点,而你不做博弈也能做到这一点。)

我希望大家都能够从鲍威尔身上学到这一点:即使你不做研究,这也是一个重要的技能。

罗伊·巴斯卡与其《科学实在主义理论》：超越"波普—拉卡托斯"的科学哲学①

　　罗伊·巴斯卡（Roy Bhaskar）是一位印度裔的英国学者，自18岁开始进入牛津大学学习哲学与政治经济学。长期的政治经济学研究使得巴斯卡意识到，社会科学作为科学的一部分，其研究必须建立在一定的本体论与认识论基础之上（尤其是本体论），而自笛卡尔到波普以来的科学哲学传统，几乎都不太触及"本体论"。因此巴斯卡提出了一个显然比波普的"划界问题"更加根本的问题：是什么（样的本体存

---

　　① 这是介绍罗伊·巴斯卡的科学哲学和社会科学哲学的两篇短文的第一篇，文章发表在《中国社会科学报》，2012年2月22日的"域外"版（很遗憾，没有链接）。发表时的标题改为"在本体论绝对主义前提下强调认识论的相对主义"。文章是王铸成同学在我开设的"社会科学哲学导论"课的课题作业的基础上修改而成的。

在)才使得科学活动成为可能？《科学的实在主义理论》一书则试图回答这个问题。

一、本体论问题：科学何以成为可能？

从波普到拉卡托斯，科学哲学家试图回答一个问题，即如何区分科学与形而上学。波普提出著名的"证伪"命题，即可以作为划界标准的不是可证实性而是可证伪性。这一命题在认识论上建立起科学与形而上学的逻辑区分，同时使得科学的目标成为追求更多对经验事实的描述。波普等的努力，虽然试图从逻辑上避免休谟"经验实证主义"的错误，却并没有从认识论上避免其根本困境（"认识论谬误"），更不能够在本体论上为科学提供可能性。

巴斯卡重新开始反思以休谟为代表的"经验实证主义"和以康德为代表的"先验理念主义"，并开始为科学活动提供认识论前提。巴斯卡意识到，人类的知识都具有两个不同的维度，即独立于人类存在的维度与依赖于人类存在的维度，前者使得知识能够不依赖于人类而存在（康德的"先验理念"），后者则指出知识的存在必然起源于人类的认识过程（休谟的"印象"）。这样的维度划分，为科学活动提供了认识论基础。巴斯卡认为，在科学哲学的研究中长期呈现出一种"认识论谬误"的倾向,即科学哲学家往往试图用认识论的命题来回答本体论的问题,休谟和康德都是这种倾向的代表。在梳理了从休谟、康德到波普、库恩的研究之后,巴斯卡明白,只有将知识在两个维度上作出区分才能建立科学的认识论基础,但同时这一认识论命题也为科学提出了新的本体论命题:什么样的本体论基础,才能使得作为人类活动一部分的科学活动,能够试图探寻独立于人类活动而存在的真理呢?

在超越波普的道路上,巴斯卡必须为科学活动提供本体论的基础。他借鉴了汉森(Hanson)和哈瑞(Harre)的科学层次模型,成功解决了这一问题。巴斯卡认为,世界应该被划分成三个领域,即真实领域(Domain of Real)、事实领域(Domain of Actual)和经验领域(Domain of Empirical),这三个领域依次真包含,即真实领域包含事实领域、事实领域包含经验领域。三个领域对应的是世界运行的机制(mechanism)、事物(event)和经验(experience)。人类的经验生活存在于经验领域;通过人类的想象和思考,事物能够为人类所认识;但无论如何,人类无法利用自身的理念来直接触及世界运行的机制。世界运行的机制在事实领域和经验领域中始终存在着,人类的科学活动正是在事实领域和经验领域中探索,因而能够感知到机制的存在;但由于机制存在于人类无法直接触及的真实领域，因此穷尽对机制的探索是不可能的。

巴斯卡为科学实在主义提供了本体论基础，并以此超越了波普。只有在本体论绝对主义的前提下强调认识论的相对主义，才能够使得科学在开放体系下踏实地向通往真理的大道上前行。只有在科学实在主义的本体论前提下，才能在"科学发现的逻辑"引领下，制定出真正的"科学研究的纲领"。巴斯卡将科学哲学在本体论的意义上向前大大推进了一步。巴斯卡声称，他试图掀起科学哲学的"哥白尼革命"。"哥白尼革命"意味着，人类不再是宇宙的中心，而社会实践也不再是有意识活动的中心。只有当人类不再自认为是宇宙的中心时，人类的自由才能够实现。

二、科学的认知论问题：对机制的追求和封闭体系

在确立了本体论在科学哲学中的核心地位之后，巴斯卡的"先验实在主义"从以下三个方面来讨论其认识论问题：

第一，科学活动所追寻的机制与科学活动的因果联系之间，具有怎样的关系？

第二，科学活动需要在怎样的体系中展开？

第三，科学活动如何在两个不同的领域间进行切换，即如何实现"知识的社会学"与"知识的逻辑"之间的相互融合？

首先,科学活动所获取的"因果规律"(casual regularity),
并非是其所寻求的 "生成性机制"(generative mechanisms)。
"生成性机制" 是事物行动的方式, 它们才是 "因果规律"
(causal law)的真正基础。虽然生成性机制始终存在,但是科
学活动却不能够轻易获得"生成性机制"。这是由先验实在主
义的本体论基础所决定的。

那么科学活动需要怎样才能获得对"生成性机制"的描
述呢? 科学活动需要探寻的是开放体系中的"生成性机制"。
在开放体系中,各种机制相互作用,因此无法描述任何单一
机制的运作。只有通过科学活动创造出"人为的封闭体系",
使得该体系内的因果关系趋于稳定化,就能够接近对"生成
性机制"的描述。在封闭体系中,依然能够确定"生成性机制"
在发生作用。通过科学活动创造的封闭体系,因果关系得以
稳定化,而"生成性机制"得以通过"普世化的因果关系"而得
到确切的描述。

在这里,"开放体系"与"封闭体系"的概念就显得非常重
要。因为正是在这两种体系的交互中,科学活动才获得了对
"生成性机制"精确描述的可能性。

巴斯卡在此处非常强调封闭体系形成的条件,以此说明
科学活动的认识论基础。他认为,一个"封闭体系"必须包含
三个条件:第一,这个体系是独立的,体系的外在条件不发生

变化;第二,这个体系可以还原为"原子化的"或者说是独立的组成要素,且这种要素的内在条件恒定;第三,这个体系中整体的行为总是可以借助其组成要素的行为来描述。凡是无法满足这三个条件的全部的体系都是"开放体系"。

在另一篇文章中,我们将看到巴斯卡对机制的本体论的讨论和他对"封闭体系"的强调对于后来的社会科学发展具有根本意义。简而言之,巴斯卡指出,先前的实证主义和释经学都在这个本体论问题上犯了同样的错误:它们都认为只有事物之间的"实证的恒定"(empirical invariance)才是科学事实且也是应该追求的目标,即普遍规律(law)。这样一来,实证主义在社会科学中几乎毫无立足之地,而释经学则因为在社会中很难找到"实证的恒定",从而拒绝承认社会科学和自然科学之间在根本方法上的统一。然而一旦我们接受这样的一个立场,即发现机制(mechanisms)才是科学事实且也是应该追求的目标的话,我们就会发现,一个针对社会科学的"批判自然主义"(critical naturalism或者critical realism)的立场就变得可能,甚至必然。"批判自然主义"的立场坚定地认为,社会科学也是科学,和自然科学在根本方法上是统一的。

巴斯卡：基于科学实在主义的社会科学与人类解放①

巴斯卡所坚持的社会科学中的"科学实在主义"具有先验实在主义与批判自然主义两种面向。前者强调实在主义所具有的带有先验色彩的本体论，这基本上已经在《科学的实在主义理论》一书中完成；后者则突出了科学实在主义的批判性，以及社会科学的涌现模式，只有综合两者才能理解科学实在主义与人类解放的关系，这些工作体现在《自然主义的可能性》与《科学实在主义与人类解放》两本著作中。

为了解决这一问题，巴斯卡首先需要从第一本著作中的

---

① 这是徐立峰、唐世平所写的介绍巴斯卡的社会科学哲学的文章，承接上一篇（那一篇介绍他的自然科学哲学，http://blog.sina.com.cn/s/blog_744a734901 012gm3.html），发表在《中国社会科学报》，2012年3月28日的"域外"版（很遗憾，同样没有网络版）。

自然科学迈向社会科学,回答"社会科学是否也是科学"这个关键问题。巴斯卡认为,社会科学与自然科学的异同是一目了然的,它同样可以凭借科学的方法进行研究,并且探求机制;但同时鉴于社会科学所处的环境不是封闭的,其所有理论都是解释性的,而不具备预测性。据此巴斯卡认为,社会科学是一种不同于自然科学的科学。

最关键的是,巴斯卡指出,正是由于这些不同,社会科学才得以可能存在,正是其研究对象决定了它的独特性质以及自然主义的界限。它一方面植根于自然世界,从其涌现而来,形成一种"社会行为的变型模式"(transformational model of social activity);另一方面社会科学包含着自我解放的目的,社会科学是历史性、反思性和批判性的。

科学实在主义之所有利于人类解放,首要便是能够提供"非观念主义的观念批判"(non-idealist critique of ideas)——其核心要点在于社会科学是一种"有情境的批判"(conditioned critique),它在现有的、已经被理解、概念化、共同决定的情境之上提供一种切实的、有根基的批判,这是与虚无主义大相径庭的。

由此巴斯卡揭示出社会科学是非中立的(这也是他所认为的解释学传统与实证主义皆存在的问题),它不仅在实践上有其应用,并且在逻辑上也囊括了价值和实践判断。基于科学实在主义的社会科学具有内在批判性与自我批判性,巴斯卡认为,正是这种双重层面上的非中立性使得"事实与价值、理论与实践、解释与解放、科学与批判之间的二分法土崩瓦解,而这使得解释性的理论具有了解放的动力"(emancipatory dynamics/impetus)。经由科学实在主义的视角,巴斯卡意在重新恢复社会科学与哲学应有的地位,将其开放性、批判性、解放性重新显现出来,而这本身也是他所认为的社会科学的根本任务。

巴斯卡将"解放"(emancipation)定义为获得自由的特定行动,从无所意愿、无所欲求,到有所意愿、有所欲求。在他看来,自由就是知晓一个人的利益,并且掌握去实现它的资源、能力与机会。但巴斯卡也清醒地意识到,任何科学理论的批判和实践都不是能马上生效的,

然而没有解释力的批判是不充分的,为此巴斯卡认为,必须同时引入因果机制的解释性才能满足人类解放的要求,他将其称为"解释性批判"(explanatory critique),这构成了人类科学解放的潜力,保证了在引入价值关切的同时奠定足够的因果基础。在巴斯卡看来,"解释性的知识是理性的自我解放的必要条件"。他强调,那些受压迫者(无论是由于权力、制度、结构还是资源)比那些支配他们的压迫者拥有更多对于知识的兴趣,而压迫者则希望被压迫者一直处于蒙昧和无知

的状态。因此那些生活在底层受压迫的人们才拥有了解放，也就是过上一种更好的生活的可能。由此巴斯卡可以自豪地宣布，社会知识非但不是导致支配的工具，反而是带来人类解放的力量。而这也解释了社会科学为什么总是时不时地面临来自压迫者的攻击。

巴斯卡已经强调过，社会科学追求机制性的解释，他将"机制"放在（社会）科学探索的核心，才使得基于科学实在主义的社会科学能够肩负促进人类解放的重任。简单来说，人类解放正是建立在实在基础上的科学探究，通过发现机制、利用机制和调整机制，带来解放。因此巴斯卡对机制的强调对后来的社会科学哲学，以及关于人类解放的探讨带来了更为长远的影响和意义。

比如加拿大科学哲学家本格同样坚持这种机制化的科学实在主义本体论，他指出："只有一定程度上知晓了机制，才能对其进行有效的调控（regulate）。"毫无疑问，基于科学实在主义的社会科学能够在本体论的意义上对机制进行探讨、追求与分析，并在实践中对其进行鉴定、试验和利用，从而切实地为人所用。

无法否认的是，尽管科学可以给那些受到支配的人以更多的智慧，尽管对机制的调控可以给人对于自己命运以更多掌握，但那些生活困难的人们仍然可能会缺乏进行必要反抗的力量,全人类的未来也面临着更多的未知。可无论如何,只要我们有了基于科学实在主义的社会科学,我们总是在某种程度上"更加解放了的"。而更为重要的是,人类解放一定也是实践解放,而不仅仅是认知解放。正如巴斯卡的支持者科里尔(Andrew Collier)所说,"解放的主要工作不是认知的,而是艰苦卓绝的努力,是抗争和变革,是打破一些现有的社会结构,并建立一些新的社会结构"。

乔纳森·默瑟

乔纳森·默瑟(Jonathan Mercer)是先通了10年电邮而直到后来(2009年美国政治学会年会在多伦多举行)才见到的好学者之一。默瑟的夫人是伊丽莎白·科尔[科尔的博士论文写的是战略文化(strategic culture)]。我是先见到科尔的(在秦亚青老师的一个会上,那次来了一些不错的人,包括勒格罗)。

默瑟的主要作品只有《声誉与国际关系》(*Reputation and International Relations*, *Cornell*, 1996,获了奖)。这部作品开了利用扎实的历史材料(但基本没用原始档案)验证国际关系中的社会心理学假说的先河。默瑟的这部作品也是所谓的第四代威慑理论(deterrence theory)的奠基作品之一。

默瑟对一战前的欧洲外交(国际关系)史料运用娴熟(他对杰维斯在这方面的评价是"杰维斯对外交史的掌握是百科全书式的"。这句话用来形容时殷弘老师也很合适)。[这表明，尽管社会科学家不追求"整体的/完全的历史解释"（holistic/complete historical explanation），但社会科学家无法脱离历史，也完全可以非常好地运用史料。]

我基本上认为没有档案证据支持的社会心理学的国际关系著作都不够好［至少自杰维斯（1976）和勒博（1981）之后］。这是因为我们不能臆断决策者的思维，我们只能通过他们原来留下的"决策痕迹"（paper trail）来支持我们的解释和结论。而任何试图用自己的理论加上理解（interpretation）来臆断决策者心理过程的套路都有"自圆其说"的嫌疑。（回忆录也不可靠，不过可以作为佐证。）这种对史料的不同诠释之间存在的张力在默瑟的书里也不时出现（比如在《声誉与国际关系》中第84页、89页、93页就第一次摩洛哥危机的解读）。

［呼吁用原始档案来解决国际关系中的社会心理学的方法讨论由考夫曼（Kaufmann，默瑟的同门师兄弟）首先系统地提出"走出实验室，走进档案馆"（Out of Lab and into the Archives，ISQ，1994）。而施韦勒（Schweller）和沃尔弗斯（Wohlforth）的《权力试验》（Power Test，*Security Studies*，2000，pp.102–106）就如何运用决策过程中的决策痕迹来验证决策理论问题的讨论也很好，同样值得一读。］

我认为默瑟的书是从社会心理学视角来研究国际政治中的国家（领导人）行为的定性研究的模范作品，另一本应该是Yuen Foong Khong的《战争类比》(*Analogies at War*)。(这也提醒那些准备或正在从社会心理学的角度来研究行为的人士,难度其实很大!)

从江湖门派上来说,默瑟可能是最最正统地继承了杰维斯衣钵的人[罗斯·麦克得蒙(Rose McDermont)也不错。另一位保罗·麦克唐纳(Paul MacDonald)也很不错,不过他不做社会心理学研究]。默瑟是相对纯正的社会心理学,思维也比较深刻(deep)。在出版了《声誉与国际关系》之后,默瑟并不多产,真正的学术论文(research article)只出过3篇在《国际组织》上发表的文章,不过都是很重要的文章(我觉得他的身体不太好)。

和杰维斯一样,默瑟也是一个为人谦和的君子。我那篇关于"声誉"的文章(Tang,2005)尽管对他的《声誉与国际关系》有相当批评,但他一点儿都不介意,仍旧认真回复我的疑问。

现在看来,当时我和默瑟对《声誉与国际关系》看法的不同是因为我们对社会心理学中的"归因理论"(attribution theory)的感觉不同。早期的归因理论事实上并不解释"行为",更关注"个性解释"(explanation with traits)。也就是说,早期的归因理论将"解释行为"等同于"确立行为背后是由固有的个性(traits)还是由"环境因素"(situational factors)驱动的。这恐怕也是个错误。[一个新锐的社会心理学家马莱(Malle,2004)

也是这个观点。]

　　而默瑟基本没有突破社会心理学对归因的理解,用的词都是"本性的"(dispositional)和"处境的"(situational)。我个人认为,还是"内化的"(internal)和"外在的"(external)更加包容,也容易处理(operationalize)。

　　不过那时候我也没有太过质疑社会心理学中的"归因理论"(attribution theory)。

　　(因此我下决心发展一个新的归因理论。)这个新理论的基础是关于生存的社会演化心理学。其主要观点之一是:在冲突情境下(冲突关系中)的归因和在合作情境下(合作关系中)的归因会有一些显著的不同。①也就是说,我们的心理个性(traits)在很多领域(domain)里,事实上是"不对称的"。

---

①　详见唐世平:《一个新的国际关系归因理论——不确定性的维度及其认知挑战》,《国际安全研究》,2014年第2期。

唐纳德·坎贝尔(一)

　　唐纳德·坎贝尔(Donald T. Campbell, 1916—1996)是20世纪社会科学中少有的博学者(polymath),又是一位真正的大师级学者(如果允许,我更愿意称他为"巨匠"),但是国内知道他的人恐怕不多。坎贝尔是少数一些成为美国科学院(NAS)院士的社会科学家[他当然也是美国科学促进会(AAAS)的成员(member)],也曾经当选美国心理学协会(APA)的主席。[我有幸和他的一位杰出学生玛丽莲·布鲁尔(Marilynn Brewer,俄亥俄州立大学)通过两次邮件。也算是沾点儿坎贝尔的仙气吧。布鲁尔也做过美国心理学协会的主席。]

　　[相比另一位大家公认的博学者(polymath)欧内斯特·盖尔纳,应该说坎贝尔要比盖尔纳更"牛",尽管盖尔纳的名气更大。因为坎贝尔的每一个东西都很精到,而盖尔纳通常是一个思想家,有许多见解,但是不少东西只是蜻蜓点水,并不

是很深刻。]

坎贝尔至少在以下四个方面都有卓越的建树:社会心理学(这是他的起点)、社会科学方法论、社会科学哲学(进化认知论及其他的讨论)以及社会演化(是的,社会演化)。在本文里,我先讨论他对社会心理学和社会科学方法论的贡献。另外两个领域,我下次再讨论(一部分原因是:他对社会演化和社会科学哲学的讨论是紧密联系的)。

特别推荐的是,在坎贝尔1988年的集子《社会科学的方法论和认识论》(*Methodology and Epistemology for Social Sciences*)里,收录了坎贝尔本人在1981年对他自己的科学生平的回顾,非常有幽默感而有趣。他也算是逆袭成功:从一个社区学院(community college)进入加州大学伯克利分校,获得博士学位后,拒绝了斯坦福(Stanford)而选择了俄亥俄州立大学。之后,去了芝加哥(Chicago),险些在芝加哥拿不到终身职位(tenure,他对芝加哥当时的终身职位制度颇有微词),然后搬到美国西北大学(Northwestern)直到退休。

第一次看到坎贝尔的作品是他在1974年讨论波普的科学哲学的文集《卡尔·波普的哲学》(*The Philosophy of Karl Popper*)里的《演化认识论》("Evolutionary Epistemology")。在这篇文章中,坎贝尔第一次提出了"演化认识论"(evolutionary epistemology)的概念。此文旁征博引,覆盖了从贝恩(Bain,

1855)到波普(1959[1937])以及更近的文献。而波普对坎贝尔这篇文章的评价是：这是一篇显示了"惊人的学问"(prodigious learning)的文章。

[在我对杰维斯的《国际政治中的知觉与错误知觉》一书的评介和导读的短文中，我忍不住"抄袭"了波普对坎贝尔的这一个评价。有趣的是，杰维斯在《国际政治中的知觉与错误知觉》中有好几处引用了坎贝尔的东西，却唯独没有引用坎贝尔和莱文(Levine)关于"族群中心主义"(ethnocentrism)的书，这恐怕也是杰维斯的《国际政治中的知觉与错误知觉》对许多认知偏差(bias)的讨论有所欠缺的一个原因吧。](我还有一篇关于对杰维斯的《国际政治中的知觉与错误知觉》一书的评介和导读的文章。这篇小文是我近期所写文章的开头最为"华丽"的一篇吧，几乎把我最喜欢的词汇都用上了。)[1]

之后，我在开始看关于族群中心主义文献的时候（莱文和坎贝尔，1972），发现这些"风牛马不相及"的东西居然是同一个人写的！

更令人惊叹的是，坎贝尔对社会科学的方法论也有极其卓越的贡献，这大概和心理学在很大程度上是实验科学，而

---

① Shiping Tang, "Robert Jervis's Perception and Misperception in International Relations", in Henrik Bliddal et al., *Classics of International Relation*, London: Routledge, 2013, pp.128–137.

且恐怕是最开始大量运用统计技巧的社会科学有关。目前大家耳熟能详的一些专业词汇,比如内部效度(internal validity)和外在效度 (external validity,Campbell, "Factors Relevant to the Validity of Experiments in Social Settings", *Psychological Bulletin*, 1957),实验与准实验设计(experimental vs. quasi-experimental design)等都来自坎贝尔,而且非常早(1957,1959,1963,1974,1979)。他甚至还在《比较政治研究》(*Comparative Political Studies*)上发表过关于比较方法的文章(Campbell,1975)。他和菲斯克(Fiske)合作的"Convergent and Discriminant Validation by the Multitrait-Multimethod Matrix"(1959)同样是真正的方法论经典。坎贝尔的这些论著对于通过实验、调查、访谈来研究行为和社会(公共)政策的人士特别有用(这些方法论的文章都收在坎贝尔1988年的集子《社会科学的方法论和认识论》里)。

顺便提一句,加里·金(Gary King)、罗伯特·基欧汉和西德尼·维伯(Sidney Verba)(简称KKV,1994)在很多地方都没有参考坎贝尔的许多重要文章。坎贝尔对内部效度和外在效度的讨论要大大好于KKV的讨论(这方面的讨论,见Brady,pp.60-62,in Brady and Collier,2004)。因此大家读KKV的时候一定要持有批评眼光。这不是贬低KKV(1994)的意义,从一定意义上来说,KKV(1994)很像华尔兹(1979)的《国际政治理论》对国际政治理论的影响。KKV(类似于华尔兹)把方法论(特别是把定性方法)说得如此极端,以致于不仅搞定性研究的人士群起而攻之,而且连那些搞定量研究的人士都看不下去,也对KKV大加鞭挞。因此整个政治学和社会学的方法论研究从20世纪90年代初又开始蓬勃起来。其实,拉金(Ragin,1987)的书已经有了非常大的开拓性,但是他的名声不大[加上最开始的时候,定性比较分析(QCA)还没有软件],以致于没人理会。借此机会, 高度推荐大卫·弗里德曼 (David A. Freedman)的遗著,《统计模型与因果推论:与社会科学的对话》(*Statistical Models and Causal Inference:A Dialogue with the Social Sciences,Cambridge*,2010)。弗里德曼干脆就是加州大学伯克利分校的统计学教授(Professor of Statistics),所以KKV不能说弗里德曼不懂统计吧。比如弗里德曼直接就说,加里·金宣称"解决了生态学谬论(ecological fallacy)"的说法是"草率的"(premature)。当然,金不同意。他们的辩论发表在《美国统计学会杂志》(*Journal of the American Statistical Association*)上。提醒一下,《统计模型与因果推论:与社会科学的对话》还是对统计数学的理解有相当要求的,我不太啃得动。

目前我看到的政治学方法论的书籍里, 似乎只有耶林(Gerring,2007)大量引用了坎贝尔的观点。

关于坎贝尔对社会科学方法论的贡献,可以先从这个集子入手:

Campbell, Donald T., *Methodology and Epistemolo gy for Social Science: Selected Papers*, Edited by E. Samuel Overman, Chicago: University of Chicago Press, 1998.

他的两本重要专著是:

(1)Campbell and Stanley, *Experimental and Quasi -Experimental Designs for Research*, 1963.

(2)Cook and Campbell, *Quasi-Experimentation: Design and Analysis Issues for Field Settings*, 1979.

唐纳德·坎贝尔（二）：
论社会演化和社会科学哲学

从一定意义上说，坎贝尔是第一位相对比较成熟的社会演化论者［因此我的第四本书《论社会演化》(*On Social Evolution*)会大量引用他的工作］。他对社会演化的理解要大大超过斯潘塞(Spencer)、赫胥黎(Huxley)，以及达尔文本人，更不要说白芝诰（Bagehot）和哈耶克（Hayek）。尽管Richtie（1896）和凡勃伦（1898）的理解都不太糟糕，但是坎贝尔是第一个比较系统地理解社会演化的人士。当然，坎贝尔对社会演化的理解也有缺陷：他对生物进化理论太过膜拜，总是希望尽可能用生物进化理论来解释社会变化。

前面提到，第一次看到坎贝尔的作品是他在1974年讨论波普的科学哲学的文集《卡尔·波普的哲学》(*The Philosophy of Karl Popper*)里的一篇文章，坎贝尔在这篇文章中第一次提出了"演化认识论"(evolutionary epistemology)的概念。坎贝尔的文章《演化认识论》("Evolutionary epistemology")旁征博引,覆盖了从贝恩(1855)到波普(1959[1937])以及更近的文献。

坎贝尔的文章第一次让大家（包括波普本人）意识到,(至少是)科学知识是一个演化的体系。就生物演化来说,对波普的"推导(出可证伪的)假说"进行"验证"不就是"突变"和"选择"吗?! 后来才知道,其实坎贝尔早在1959—1960年(刚好是达尔文的《物种起源》出版100周年)就已经提出了其中的许多核心思想(坎贝尔,1960)。[坎贝尔(1960)并没有引用波普的东西(1959/1937),恐怕是因为波普的《科学发现逻辑》(*The Logic of Scientific Discovery*)的英文版在1959年才出版,而坎贝尔在此之前没有读过。]

[我在关于波普的短文中说过,波普其实始终没有太弄懂演化理论(无论是生物还是社会方面),尽管他经常用"演化"的比喻。比如他在多个地方都说演化理论是"目的论"(teleological),但事实恰恰相反,达尔文的伟大贡献之一就在于摧毁了目的论(Teleology)在解释生物复杂性时所占的必要地位。这再一次验证了雅各布·莫诺(Jacob Monod)的冷嘲:"演化论另一个奇妙之处是每个人都认为自己理解它"(another curious aspect of the theory of evolution is that every–

body thinks he understands it），莫诺引自道金斯（Dawkins），1989（1976），p.18］。而这一点对于波普以及他的许多学生是致命的：他们都认为只有物理学和化学才是"自然科学"。而显然，达尔文的革命性贡献至少不在哥白尼之下。更重要的是，他们如果研究了生物学中的哲学问题的话，许多他们对自然科学哲学的理解都需要修正。［因此在科学哲学史上，《演化论中的解释与预测》（Michael Scriven, "Explanation and Prediction in Evolutionary Theory", *Science*, 1959）这篇文章是一个重要转折点。关于这一点，见《科学解释40年》（Wesley C. Salmon, "Four Decades of Scientific Explanation", *Minnesota Studies on the Philosophy of Science*, 1989, Vol.13, University of Minnesota Press.）对"科学解释"的回顾。］

从坎贝尔（1974）开始，演化认识论成为科学哲学里认知论的一个分支。［后来对演化认识论有重要发展的人包括大卫·赫尔。关于赫尔，我有幸在他过世前的两年通过电邮得到他的指点。因此我的第四本书《论社会演化》纪念了赫尔。赫尔在他的2001年文集中，就直接称坎贝尔为"演化认识论之父"（the father of evolutionary epistemology）。事实上，道金斯对模因（meme）的某些讨论也受到了坎贝尔的影响。］

坎贝尔的另外两篇文章，《改革实验》（"Reforms as Experiments", 1969）、《实验社会》（"The Experimental Society",

1971)更是鲜明地继承了波普的"渐进社会工程"(piecemeal social engineering)的思想,强调一个好的社会必须是可以"实验"的社会。这可以说是"摸着石头过河"的理论基石!而坎贝尔的另一篇文章《应用社会科学可以科学化吗？》("Can We Be Scientific in Applied Social Sciences？")又讨论了运用社会科学知识来进行社会实验,以及其他需要注意的问题。(这三篇文章都收在他1988年的文集里。)

坎贝尔在《实验社会》(1971)以及他的另一篇短文《社会科学家要做实验型社会方法的仆人》("The Social Scientists as Methodological Servant of the Experimenting Society", *Policy Studies Journal*, 1973,该文的主要内容其实是《实验社会》的一节)中,还明确提出社会科学家要做实验型社会的"仆人"的观点。这一观点道出了我对"社会科学的意义和责任"(The Meaning and the Tasks of Social Sciences)的一些理解。

坎贝尔除了提出科学是一个演化的体系之外,还对道德秩序(moral order)、宗教(religion)的社会演化的起源都有开创新的讨论。他的这些思想后来被道金斯等人所发展。

坎贝尔关于社会演化(Social Evolution)的重要著作(不完全):

(1)Campbell, Donald T, "Blind Variation and selective retention in creative thought as in other knowledge process",

Psychological Review,1960,67:380–400.(绝对经典。)

（2）Campbell,Donald T,"Variation and Selective Reten-tion in Socio–Cultural Evolution",pp.19–49 in *Socio Changes in Developing Areas*,edited by Hebert E. Barringer,George I. Blanksten and Raymond W. Mack,Cambridge,M.A.:Shenkman Publishing Company,Reprinted in Geoffrey Hodgson,ed.,The Foundations of Evolutionary Economics,Cheltenham,UK and Northhampton,MA,US:Edward Elgar,1965[1998],pp.354–370.（绝对经典。）

（3）Campbell,Donald T,"Ethnocentrism and Other Altrui–istic Motives",In D. Levine ed.,*Nebraska Symposium on Mo-tivation*,1965,pp.283–311.

（4）Campbell,Donald T,"Evolutionary Epistemology",pp. 413–463,in *The Philosophy of Karl Popper*,edited by Paul Arthur Schilpp,La Salle,I.L.:Open Court,1974a.（绝对经典。）

（5）Campbell,Donald T,"Unjustified Variation and Se-lective Retention in Scientific Discovery",pp.139–161,In *Studies in Philosophy of Biology:Reduction and Related Problems*, edited by Fancisco J. Ayala and Theodosius Dobzhansky,Berke-ley:University of California Press,1974b.（绝对经典。）

（6）Campbell,Donald T,"The Conflict between Social and

Biological Evolution and the Concept of Original Sin", *Zygon: Journal of Religion and Science*, 1975, 10(3):234-249.

(7)Campbell, Donald T, "On the Conflicts between Bio logical and Social Evolution and Between Psychology and Moral Tradition", *Zygon:Journal of Religion and Science*, 1976, 11 (3):167-208.

(8)Campbell, Donald T, "Comment on'The Natural Selec-tion Model of Conceptual Evolution'", *Philosophy of Science*, 1977, 44:502-507.

(9)Campbell, Donald T, "A Tribal Model of the Social System Vehicle Carrying Scientific Knowledge", Campbell, Donald T, 1988, *Methodology and Epistemology for Social Science:Selected Papers*, Edited by E. Samuel Overman, Chicago: University of Chicago Press, 1979[1988].[这是一篇坎贝尔对库恩、托卡托斯等人的知识社会学(sociology of knowledge)的回应文章,十分值得一读。来自于坎贝尔的威廉·詹姆斯讲座(William James lecture)。]

(10)Campbell, Donald T, "A Naturalistic Theory of Ar-chaic Moral Orders", *Zygon:Journal of Religion and Science*, 1991, 26(1):91-114.

关于赫尔的工作,可以看看这两个文集:

（1）Hull，David L，*Science as a Process：An Evolutionary Account of the Social and Conceptual Development of Science*，Chicago：University of Chicago Press，1988.

（2）Hull，David L，*Science and Selection：Essays on Biological Evolution and the Philosophy of Science*，Cambridge：Cambridge University Press，2001.

还有：

（3）Hull，David L，"The Particular-Circumstance Model of Scientific Explanation"，pp.69-80，in *History and Evolution*，edited by Matthew H. Nitecki and Doris V. Nitecki，Albany，N. Y.：State University of New York Press，1992.

（4）Hull，David L，"Taking Memetics Seriously：memetics will be what we make it"，pp.43-68，in *Darwinizing Culture：the status of memetics as a science*，edited by Robert Aunger，Oxford and New York：Oxford University Press，2000.

与坎贝尔对"演化认识论"（evolutionary epistemology）的讨论相关的波普的文章：

（1）Popper，Karl，*The Logic of Scientific Discovery*，London：Routledge，1937[1959].

（2）Popper，Karl，*The Poverty of Historicism*，London：Routledge，1944[1961].

（3）Popper, Karl, *The Open Society and its Enemies*, London: Routledge, 1945[1967].

（4）Popper, Karl, *Conjectures and Refutations: The Growth of Scientific Knowledge*, London: Routledge, 1963[1991].

（5）Popper, Karl, *Objective Knowledge: An Evolutionary Approach*, Oxford: Claredon Press, 1972.

（6）Popper, Karl, "Campbell on the Evolutionary Theory of Knowledge", Reprinted in Gerard Radnitzky and W. W. Bartley III eds., *Evolutionary Epistemology, Rationality, and the Sociology of Knowledge*, 1972, pp.115–120, L Salle, I. L.: Open Court, 1974.

欧文·戈夫曼

最近看到艾丝·扎拉柯（Ayse Zarakol）基于戈夫曼以及其他人士的工作的书，让我重拾对戈夫曼的兴趣。所以便有了这篇短文。

欧文·戈夫曼（Erving Goffman, 1922—1982）对我来说一直是一个有趣的人物。第一次看到他的名字当然是在杰维斯（1970）的《信号与欺骗：国际关系中的形象逻辑》一书中。[应该说，杰维斯的《信号与欺骗：国际关系中的形象逻辑》是继谢林（1960，1966）之后将有成本的信号（costly signaling）变成社会科学中的一个重要话题的重要推手。]

[谢林（2013）自己曾说过，他指导的一个学生是迈克尔·斯宾塞（Michael Spence），谢林就推荐斯宾塞去找杰维斯谈，后来这位老兄得了诺贝尔经济学奖。当然，有成本的信号一定要和不完全信息（incomplete information）联系起来讨论才

更有趣。在完全信息下,影像(image)、信号(signaling)、错觉(misperception)都没有了,世界变得透明从而索然无味。这是早期的经济学模型最让人觉得无趣的根本原因。哈耶克对此有十分深刻的批评,尽管他终究是个新古典主义经典学家(*neoclassical economist*)。加上不完全信息之后,经济学模型才有点儿意思。而戈夫曼的《战略互动》(Strategic Interaction)很明显地受到了谢林这些第一代博弈理论家(game theorist)的影响。]

也许正因为戈夫曼对人的研究,他本人(自认为)是一个赌博高手[纸牌(poker)和21点],而且投资股票也是收益颇丰。[不过这可能是他自己的一个归因偏差(attribution bias):在他所处的时代里,美国经济基本上是一直上升,投资股市赚钱可能和他对人的研究没有太大关系。]

在杰维斯就读于加州大学伯克利分校的时候,伯克利分校有两位"符号互动论"(symbolic interactionism)的"大牛":赫伯特·布鲁默(Herbert Blumer)和戈夫曼(事实上,戈夫曼到伯克利分校是因为布鲁默邀请他)。因此杰维斯受到他们的影响也就不足为奇了。不过布鲁默和戈夫曼都更集中在展示自我(presenting oneself)这一方面,而杰维斯则从归因理论(attribution theory)中吸收了很多营养,也讨论认知(perception)这个问题。而且杰维斯还明智地意识到,尽管认知自己是演员[presenting oneself(being the actor)]和认知自己是观众[perception(being the observer)]肯定是密切相连的,但是我们必须分开讨论,因为实在太复杂了。另外,杰维斯关心的问题比戈夫曼关心的问题更为重要:一个是国家之间的危机,另一个是日常生活。

戈夫曼一直在伯克利分校执教到1968年(不知道他的离开是否和1968年伯克利分校爆发的"学潮"有关),然后去了宾夕法尼亚大学(UPenn)。[据考证,宾夕法尼亚大学当年给戈夫曼的薪水是创纪录的30000美元,为全美最高。而宾夕法尼亚大学的社会学比政治学的排名要高很多,应该和当年有戈夫曼,现在有兰德尔·柯林斯有关。当然,伯克利分校的社会学一直很"牛"。]

在他生命的最后一年,戈夫曼被选为美国社会学协会的主席,可惜他都没能发表他的"主席演讲"(Presidential Address)就英年早逝了。最"牛"的是,戈夫曼在他的临终病榻上,在他的"主席演讲"前面加上了一段话,大致告诉大家:"你们看到我的这篇文章的时候,我老人家已经驾鹤仙去,你们对我如何评价我也无所谓了,哈哈。"

不过,最让我不解的是,戈夫曼为何会穷其一生通过观察来仔细研究大家看起来平淡无奇的日常的人与人的相互作用(interperson interaction)。他的研究领域可以说是在真实的现实交往中社会心理学在实验室进行研究所做的事情。所以可以说他研究的是微观社会学(micro-sociology),而且更接近"社会中的社会心理学"(social psychology in the real world),而不是"实验社会心理学"(现在社会心理学的主流,experimental social psychology)。

戈夫曼显然对演绎(deductive)的理论没有太多兴趣,而更愿意从信手拈来的许多故事中,用归纳法来支持某一个他想说的主题(theme)。因此他的研究逐渐成为非主流也不奇怪。有人就说,他的著述更多的是成为大家饭后闲谈的花边趣闻而已。这话说得过于苛刻,但确实有一定道理,至少现在戈夫曼的研究几乎无人继承[法恩(Fine)和曼宁(Manning),2003]。

对我来说特别难以理解的是,戈夫曼拥有明锐的眼睛和敏锐的心灵(a sharp mind with sharp eyes),为什么会一生都大致没有改变过他的研究取向。而他的研究基本也是非历史性(ahistorical)的东西,缺少历史的厚重感。(南开大学的刘骥说,从这点看,戈夫曼有点"自私"。我愕然之后又大为赞叹,老刘比我理解戈夫曼呀:戈夫曼不就是"两耳不闻窗外事……"当然,戈夫曼的研究比许多圣贤书有趣多了。)

戈夫曼应该是非常反感帕森斯,因为他从未引用过帕森斯的东西,而且他肯定觉得帕森斯弄出来的那些所谓的

"（大）系统理论"是基本没用的，这一点我高度同意。美国的社会学界后来近乎忽略掉帕森斯。［尽管我也（不得不）时常引用帕森斯的东西，但通常引用都是为了找个批评的靶子，有点"欺负死马"（beat the dead horse）之嫌。］

戈夫曼对权力的理解：事实上，当戈夫曼写出《避难所》（*Asylums*）的时候，他已经触及到了一种"全控机构"（total institutions）类型的权力（比如精神病院）。［"total institutions"这个词来自于戈夫曼在芝加哥大学的老师之一埃弗雷特·休斯（Everett Hughes）。］这和福柯后来对疯狂（madness）、异常的（abnormal）、精神病学的权力（psychiatric power）等的研究非常接近了。可戈夫曼是一个坚定的涂尔干追随者，因此他认为行为体（agent）在强大的社会化压力下，几乎无还手之力。［艾丝·扎拉柯在应用戈夫曼的理论的时候，基本上也陷入了这样的圈套。］

从一定意义上来说，戈夫曼做了一些与埃利亚斯在《文明的进程》和福柯对权力的精深研究相关的研究，可就是不愿意再迈进一步，走向更加敏锐（penetrating）的分析。这实在是令人遗憾的。以他的资质，应该是可以做得很好的。

对戈夫曼最全面的评介是Tom Burns, *Goffman*, London：Routledge, 1992.

Fine, Gary Alan, Philip Manning, "Erving Goffman", In George

Ritzer, *The Blackwell Companion to Major Contemporary Social Theorists*, Blackwell Publishing Ltd., 2003.［这个评介简短，但是更加有趣（主要是"花絮"较多，我也"抄袭"了几个。）］

如果你还想看下去的话，还有一套四本：Fine, Gary Alan; Smith, Gregory W. H., *Erving Goffman*, 2000, Vol.1–4, Sage。（我没看过，也不准备看。）

我个人认为戈夫曼最有深度的三本书：

（1）《避难所：关于精神病人和囚犯的社会状况的文章》（Asylums: Essays on the Social Situation of Mental Patients and Other Inmates, Doubleday, Anchor Books, 1961）大家也许可以把这本书和福柯关于疯狂、异常的、纪律（discipline）和处罚（punishment）的书放在一起看。如果说福柯更关心疯狂以及异常的［作为非理性（unreason）的一种］的起源和演变的话，那么戈夫曼更关心精神病院（mental hospital）的实际运作。而且戈夫曼对精神病院的了解肯定要比福柯好许多，因为戈夫曼前后花了三年多的时间通过实地观察来研究这些机构。遗憾的是，好像绝大部分福柯的研究者都不太提及戈夫曼的工作。（比如Gary Gutting, "Foucault and the History of Madness", in *The Cambridge Companion to Foucault*, Gary Gutting ed., 2nd ed., 2005。）

（2）《污名：管理受损身份的笔记》（*Stigma: Notes on the*

Management of Spoiled Identity, Prentice-Hall, 1963)这本书的缺点之一是把族群歧视、种族歧视和我们对残疾人士的歧视放在一起讨论。基于阶层身份上的歧视和基于身体残疾的歧视也有很大不同,不过戈夫曼似乎没有讨论这一点。有兴趣的人士还可以看看戈登·奥尔波特(Gordon Allport, 1954)的名著,《偏见的本质》(*The Nature of Prejudice*)。

(3)《战略互动》(*Strategic Interaction*, Univ. of Pennsylvania Press, 1969)这本书比杰维斯(1970)《信号与欺骗:国际关系中的形象逻辑》早出版一年。两本书的风格有些类似。

戈夫曼的其他作品:

(1)*The Presentation of Self in Everyday Life* (1956), Doubleday, Anchor Books, 1959.(这本书是戈夫曼在大众市场最负盛名的书。)

(2)*Encounters: Two Essays on the Sociology of Interaction*, Bobbs-Merrill, 1961.

(3)*Behavior in Public Places: Notes on the Social Organization of Gatherings*, Free Press, 1963.

(4)*Interaction Ritual: Essays on Face-to-Face Behavior*, Doubleday, Anchor Books, 1967.

(5)*Relations in Public: Microstudies of the Public Order*, Allen Lane, *Frame Analysis: An Essay on the Organization of*

Experience, Harper & Row, 1974.

（6）*Gender Advertisements*, Macmillan, 1979.（女权主义人士应该看看这本书,比较有趣。）

（7）*Forms of Talk*, Blackwell, 1981.

查尔斯·蒂利与其
《大结构、长过程、大比较》①

这几天收到安徽人民出版社编辑的来信,说李钧鹏学弟翻译的蒂利(Tilly)的《为什么?》(Why, Princeton, 2006),即将由安徽人民出版社出版。编辑说让我写个什么推荐语。我因为没有过于仔细看过这本书,不敢妄加评论,因此只能推掉。(我个人觉得蒂利的《为什么?》是一个比较奇怪的作品。)

不过借此机会,我觉得应该就蒂利的另外一本书说几句。

查尔斯·蒂利(Charles Tilly, 1929—2008)的名字大家都很熟悉,作品很多(真的是少数"著作等身"的社会科学家之一),应该是过去20—30年间最有影响的社会学家之一。蒂利在2000年以后出版的作品尤其多,我都没有仔细读过,不妄

---

① Big Structures, Large Porcesses, Huge Comparisons, Russell sage: 1984.

加评论。(2000年后，蒂利写的任何东西，只要基本成型，都会有著名出版社出版。而他在病榻上完成了许多部作品。蒂利生命中这最后一段时光的故事，钧鹏肯定比我知道得多。)

今天主要是想推荐蒂利的一本相对可能不太被大家知道的书：《大结构、长过程、大比较》，网上可以下载：http://en.bookfi.org/s/?q=Big+structures,+large&t=0。

蒂利(1984)的这本书绝对是"挑衅的"(provocative)的讨论，写作方式直截了当，不留情面。他戏称自己的这部作品是流氓、恶棍(rapscallion)，这个作品"有点霸道。它自带一种自信、好斗的气场"(a bit of a bully. It struts around with a confident, pugnacious air)。

[我也希望有朝一日能写一部这样的作品，不留情面，直接"刷"人，而且出版社也一定会出版。至少感觉会很爽吧！现在还要担心一些低级的审稿人(reviewer)的批评和意见，实在是痛苦呀！]

蒂利的靶子是此前的大的历史比较叙述[从托克维尔(Tocqueville)、韦伯，到奥托·欣茨(Otto Hintz)等]，对这些大的历史解释(有的有比较，有的没有)提出了相当尖锐的批评(很遗憾，现在还有许多人士其实没有完全避免他指出的许多错误)。蒂利列出了影响我们看待社会变迁的八个有害的假定：四个有害的假定(Four pernicious assumptions)加上另外四个有害的假定。这些假定限制了我们的视野,扭曲了我们对社会的理解。

被蒂利(1984)点名批评的有斯潘塞、斯宾格勒(Spengler)、汤因比(Tonybee)、阿尔弗雷德·克鲁伯(Alfred Kroeber)、孔德、涂尔干、托克维尔、布罗代尔(Braudel)、韦伯、马克思、本迪克斯(Bendix)、摩尔(Moore)、斯考切波(Skocpol)、斯廷斯凯姆、斯坦·罗坎(Stein Rokkan)、艾瑞克·沃尔夫、乔恩·艾尔斯特(Jon Elster)、索罗金(Sorokin)、沃勒斯坦、帕森斯等如雷贯耳的人物。

事实上,蒂利(1984, esp. pp.1-13)的讨论还带一点儿知识的社会学的讨论。蒂利认为,20世纪的社会科学受18—19世纪的资产阶级的思想影响太重:这些人总是在担忧社会混乱(social disorder)、"分化"(differentiation)和"整合"(integration)等这样的问题。[我基本同意他的这一判断。比如亨廷顿(Huntington)的《变化社会中的政治秩序》(*Political Order in nanging Socielies*) 不过就是分化和整合的变种。见蒂利,1975, pp.616-621。]

蒂利在本书中指出,没有历史的大样本(large-N studies, 即定量)和布罗代尔的"全面历史"一样,都不能真正告诉我们历史中的真实故事(pp.76-80)。因此蒂利认为,历史比较方法更为可靠。

蒂利认为（宏观的）历史比较方法大致有四种历史比较分析法：①个性化[individualizing,莱因哈特·本迪克斯（Reinhard Bendix）,*Kings or People*]；②发现差异（variation-finding,例如摩尔）；③无所不包[encompassing,例如罗坎以及沃勒斯坦]；④普遍化（universalizing,例如斯考切波）。[我个人认为,他的这些讨论至少已经过时。关于案例比较方法的讨论从斯考切波和蒂利之后有了非常大的进步,鼓励大家看看一些新近新锐学者的作品,比如詹姆斯·马奥尼（James Mahoney）、约翰·耶林（John Gerring）、丹·斯莱特（Dan Slater）、Daniel Ziblatt等。]

但是蒂利的工作表明,好的社会科学家做到一定程度都会思考方法论、认知论和本体论的问题。[事实上,蒂利（1978）的《从动员到革命》（*From Mobilization to Revolution*）也基本上是一个方法论和认知论的讨论,只不过他的目标是研究集体行为（collective action）的方法论。]在一定意义上,这几乎是必然的：实证社会科学家面对具体的实证问题,会遇到非常多的具体的方法论、认知论和本体论的问题。而这些问题没有现成的解决方案,只能靠自己摸索和思考,给出自己的尝试性的（tentative）的解决方案。（至少我是这么做的。）

这里我想特别提到蒂利（受罗坎的影响）对时间与空间对社会变迁的影响的理解（见蒂利,1990,p.5）。我想特别强调,因为所有的社会变迁都是在特定的时空下展开,因此理解(或者至少考虑)时间与空间对社会变迁的影响对于理解社会变迁是必不可少的。(我和我的合作者在这些方面做了一些初步的探索。)

蒂利在这本书里还充分体现了他为何关心社会运动(social movement)和抗争政治(contentious politics,pp.12–13)。蒂利其实是一个冲突学派且站在弱者的立场的社会科学家[这一点,他和赖特·米尔斯(C. Wright Mills)一样]。

如果我要指出蒂利这本书的另一个缺点的话,那就是蒂利对演化(evolution)的理解也是错误的。斯潘塞、涂尔干、帕森斯等人把分化和整合当成是演化,而蒂利也这么认为。区别和整合其实是发育(development)。类似地,蒂利也把阶段论(stage theory)当成演化,这其实只是演化解释的第一步,对阶段(stage)本身的划分不是解释。[我几乎把稍微有点影响的,和社会演化有关的主要作品都读了一遍,最后的结论是:只有我真正大致弄懂了什么是社会演化,应该如何理解社会演化。]

其他几本我特别喜欢的蒂利的书:

(1)《西欧民族国家的形成》(*The Formation of National States in Western Europe*,Princeton,1975)在民族国家(state formation)这个领域,本书乃奠基性的作品。[蒂利在本书结尾的

一章中，已经提出了他1984年那本书的一些核心批判思想，包括对亨廷顿(1968)的《变化社会中的政治秩序》的批评。］

〔1975年的时候，埃利亚斯的《文明的进程》还未被译成英文，基本不为大众所知道。因此尽管埃利亚斯的《文明的进程》肯定也是民族国家这个领域的奠基作品，但埃利亚斯对早期的民族国家的研究不如蒂利(1975)这本书影响大。］

（2）《强制、资本和欧洲国家：公元900—1992年》(*Coercion, Capital, and European States：AD 900 –1992*，Blackwell，1990)绝对的经典著作之一。蒂利在这本书的某一处引用了埃利亚斯的《文明的进程》。他们的讨论有很多地方是非常重合的。

〔正如这本书的前言提到的那样，这本书的某些核心思想在蒂利(1984)讨论罗坎的工作和贡献时，已经有所显现。同样，埃利亚斯在此之间其实已经提出了类似的核心思想。］

最后想说的是，蒂利对西欧的历史基本上是不用查资料就可以运用，这一点让人折服。但是也许因为他太专一于西欧，他对其他地区对西欧社会变迁的影响可能有点忽视。

巴里·布赞

在中国的国际关系圈子里，巴里·布赞（Barry Buzan）大概是当代英国的国际关系学者中最具声望的了。［在非国际关系世界，巴里的哥哥托尼·布赞（Tony Buzan）肯定更有名，因为托尼是著名的通过"记忆地图"（memory map）法增强记忆的发明者和推广者。］

一、一点儿花絮

第一次见到布赞本人是在他和阿米塔夫组织的那个"为什么没有非西方的国际关系理论？"（Why No Non-Western IR Theory）为主题的会上，那个会是在新加坡开的（2004年夏天），而我刚好在新加坡国立大学做访问学者。

在2004—2008年间，布赞是《欧洲国际关系杂志》的主编。而我关于国际政治的社会演化的第一篇英文文章《从米尔斯海默到杰维斯》("From Mearsheimer to Jervis")最后是在《欧洲国际关系杂志》上发表的。这意味着,布赞是少数、比较早就知道我的这个研究的西方国际关系界人士。

〔文章投给《欧洲国际关系杂志》的时候,布赞还是《欧洲国际关系杂志》的编辑(editor)。第一轮审稿,三个审阅者都非常肯定(positive),给了一个修改并重新提交的意见(R&R),修改一轮后就被接受了(这算是非常顺利的了)。当然,最终被接受都到2009年了,而这个时候《欧洲国际关系杂志》的主编变成了柯林·怀特(Colin Wight)。(2014年和柯林·怀特在上海见面,聊得也很不错。他也还比较喜欢我的工作。用他的话说,"你的作品从不乏味"(your work is never boring!)。〕

〔《从米尔斯海默到杰维斯》发表的完整故事:文章最开始的版本投给了《美国政治学评论》,被拒绝了。我同意当时这个版本应该被拒绝:投给《美国政治学评论》的那个版本实在是想处理太多的问题,因此太过纷杂(这是我的不好的写作习惯之一)。而当时一位审阅者问了一个非常好的问题:"你这篇文章到底给谁看(What is the audience you have in mind)?"之后,我将文章改成了《欧洲国际关系杂志》这个版本,先投给了《国际组织》(International Organization,IO),又被拒了。理由主要是:审阅者不认为演化思维有用,或者不理解演化。(应该说,《国际组织》在2010—2011年发表的文章里,没有一个达到我那样的理论原创水平。)《国际组织》基本上是一个"保守的杂志",相比而言,欧洲的杂志似乎更加愿意尝试拥抱一些新的思想。]

布赞应该是那种从内心喜欢我的工作的人,因此他会为我的书写一个非常褒奖的书评。尽管他觉得我有点"看低"(slight)"英国学派"的贡献。这一点我承认,只不过理由不是布赞认为的那样(见下面)。2015年在国际研究协会开会,我们还一起散了一个小时的步。

[布赞本人并不认为他是"英国学派"的人士,至少不是标准意义上的。而我却恰恰认为,从他的研究、讨论上看,他是典型的"英国学派"人士。]

二、作品

布赞的著作非常多,我以下的列举可能会漏掉一些。他的几部比较重要的作品我都读过。我比较喜欢的是他关于安全复合体(security complex)的讨论。

(1)《人民、国家与恐惧:国际关系中的国家安全问题》(*People, States & Fear: The National Security Problem in International Relations*, 1983;revised second edition 1991),毫无

疑问,这是布赞的成名作。

（2）Buzan, Jones, and Little, *The Logic of Anarchy: Neorealism to Structural Realism*, 1993.

（3）Buzan, Weaver, and Wilde, *Security: A New Framework for Analysis*, 1997.

（4）Buzan and Weaver, *Regions and Powers: The Structure of International Security*, Cambridge, 2003. 这本书发展了布赞最早提出的区域安全复合体（regional security complex）的东西。

（5）Buzan, *From International to World Society? English School Theory and the Social Structure of Globalisation*, Cambridge, 2004. 这本书大致可以理解为是布赞试图重新诠释"英国学派",从而将"英国学派"变成（美国）主流国际关系学派之一的努力。个人觉得这个努力也是不成功的,而且任何试图重新诠释"英国学派"的尝试最后也都不可能成功（见下面的讨论）。

（6）Buzan and Little, *International System in World History*, Oxford, 2000.

（7）Buzan and Hensen, *The Evolution of International Security Studies*, Cambridge, 2009.

（8）Buzan and Yongjing Zhang, eds., *Contesting International Society in Asia*, Cambridge, 2014. 这是布赞和张勇进试

图用"英国学派"来诠释东亚的努力。

(9)Buzan and Lawson,*The Global Transformation:History, Modernity,and the Making of International Relations*,Cambridge,2015. 这本书的目标是试图用一些新的时间点（benchmark date）来看待国际政治。这本书里有些视角还是不错的，但同样是深度不够。

三、基本评价

鉴于布赞对我的支持和提携，我对他的评价没有任何不敬的意思。平心而论，他是一个典型的老好人：没有大的架子和脾气，对晚辈非常客气（至少这是我的体会）。因此我对他的评价只是学术评价。

首先，我一直认为，布赞的理论化水平一直都不太够，即便是他那本最理论化的关于"英国学派"的书（布赞，2004）也是如此。在这本书里，他的主要重心依旧是把几个核心概念折腾一遍，而"英国学派"的核心缺陷一直是缺乏有效的实证研究的支撑。

我认为，布赞真正的长处不是在真正的理论化上，而是在提出一些视角，让大家从一些新的视角看待世界。尽管这么做还不太够，但也有它的价值。

其次,他(以及主要的"英国学派"的代表人物)都不做严格意义上的实证研究。他们所谓的实证基本上是对某些历史事实的诠释(interpretation)。比如整个"英国学派"的三大核心概念,"国际体系""国际社会""世界社会"(或者叫大同世界)几乎都是不可能被度量的,只能是被当作标签来使用。因为真正意义上的科学都是实证科学,没有相对系统的实证支持的"学派"的生命力都是有限的。当然"英国学派"也几乎从不讨论任何方法论的问题。

说到这儿,请允许我顺带讲一下"哥本哈根学派"。我认为,"哥本哈根学派"其实就是一个核心概念(或者说标签),"安全化"(securitization),加上一点儿语言运用(linguistic performance,在社会建构中一个具体过程的一部分)。因此我从未觉得"哥本哈根学派"对于不同问题领域的安全化的讨论(比如Buzan,Weaver,Wilde,1997)有多深刻。

说实话,我不明白为何"哥本哈根学派"在中国的国际关系学界会曾经那么火。我觉得这背后的原因其实还是中国的国际关系界实在是缺乏鉴赏能力,什么流派都可以被介绍过来,然后变成一个所谓的可以发文章的依托。

这也是我为什么一直呼吁,中国的国际关系学界需要尽快地走出宁愿做粗浅介绍(所谓的"文献综述"),也不愿做真正细致的实证研究的状态。而学术期刊对于发表文献综述这样的文章需要非常谨慎，特别是要防止硕士生、博士生用这样的文章来凑数。

　　遗憾的是，许多高喊创建"中国学派"的人士，除了秦亚青老师做了一两个实证研究之外，几乎都是不做实证的人士。(诠释圣贤经典不是实证，最多是"思想史"。)"中国学派"要想有生命力，必须能够有强大的实证支持。

下篇 杂文

寻求中国的国际关系理论突破：
中国作为支点和数据点①

一、澄清一些误解(一)：何为理论？

社会科学遵循下面的一个基本特性。社会科学的研究者在确立一个真实的社会事实(what)后,总是问出一个为什么(why)的问题。而对这个为什么(why)的问题,社会科学的回答方式是：什么样的因素(what factors),包括情境(situations)、加上什么样的机制(what mechanisms)、经历了大致什么样的过程[如何(how)、后果(sequences)、时间(time)]导致了一个

① 在复旦大学国际关系与公共事务学院"中国国际关系的理论自觉和中国学派"会议上的发言,2011年12月16日。

特定的（发生了的或没有发生的）社会事实（这一点和自然科学是一样的）。一个这样的逻辑和科学的解释是一个理论，无论其好坏。因此社会科学理论总是试图告诉我们一些经验和事件背后的东西。

一个大致成立（valid）的理论至少满足以下条件：其解释对象是一个真实的事实、逻辑上自洽（consistent）、其各个不同部分形成一个整体（coherent）、有一定的事实支持。而一个好的（good）理论，除了上述基本要求之外，还应该满足以下条件：有驱动因素（factors）的因果机制（causal mechanism）；相对其他理论，有更强大的解释力（explanatory power）；相对其他理论，更加简约（more parsimonious）。而一般说来，一个好的理论都有以下五个部分：归纳（induction）、推导（deduction）、因素（factors）、因果机制以及过程（processes）。因此描述一个事实不是理论文章，这是历史（历史很重要，但不是严格意义上的社会科学）。严格意义上来说，对一些事实进行归纳也不是理论，这可能只是发展理论的第一步。

二、澄清一些误解（二）：中国的国际关系理论和中国外交

中国的国际关系理论不是中国的外交政策，甚至不是对中国外交政策的归纳和总结。一个理论至少要对中国的一些

具体的外交政策和行为,以及这些政策和行为的结果(即成败得失)进行科学的、逻辑的解释。也就是说,理论可以用来理解政策及其后果(甚至有时候可以指导一些具体的政策),但是总结经验教训不是理论,至少不是好的理论。

而好的理论研究是要解释政策及其后果背后的东西,从而能够让我们更好地总结外交实践中的经验教训。理论研究能够为中国外交提供的东西至少可以有三个方面:①告诉外交的实践者一些光凭经验总结归纳不能获得的有关因素、因果和机制;②提供分析外交政策和行为的分析框架(包括政策评估框架)或者工具;③提供一些供决策者选择的基于理论研究的备选政策和行为。

三、中国的国际关系理论:中国作为一个支点和一个数据点

首先,要发展中国的国际关系理论,中国作为一个支点是没问题的。这个问题可以从三个层次去理解:①中国作为我们的历史记忆和成长经历深刻影响我们的理解,甚至是潜意识的;②中国的现实需求(包括外交需要)作为我们提出理论问题的出发点;③中国的历史事实(和经验,包括外交经验)是我们的一部分经验基础。

对于第一点，我们都必须承认这是肯定的，但是我们也必须警惕所谓的"中国（自我）中心主义"可能会负面地影响我们对社会事实的观察和理解。

第二点也没有问题，我也非常同意和强调，但是我想要提醒我自己和各位的是：这也只是我们提出理论问题的一个，但不应该是唯一的出发点。而且从理论角度来看，中国外交所需要的最重要的东西不一定是理论问题，至少不见得永远如此。

第三点也没有问题，中国的历史事实（和经验，包括外交经验）肯定是我们的一部分经验基础。但是对于第三点的一个极端立场，即将中国的历史事实（和经验）作为我们唯一的经验基础，我们应该坚决予以抵制。这事实上是犯了将"中国作为一个支点"和"中国作为一个数据点"混淆起来的错误。

对于科学研究来说，数据点肯定是越多越好。起码你掌握的实际客观事实越多，你就不容易犯简单归纳的错误（而这一错误很容易让我们最后走向"循环论证"）。而且"将中国作为唯一的数据点"（也许加上一点儿美国、欧洲）是偷懒的标志。我们需要"放宽历史的视界"！中国的历史事实（包括我们的外交经验）只是我们经验基础的一部分，或者说仅仅是一个数据点。

四、理论突破和理论的"普遍意义":为什么要追求理论的"普遍意义"

[请注意,我这里讨论的是理论的"普遍意义",而不是"普世主义"。]学者要追求理论的"普遍意义",事实上来源于社会科学定义的要求。社会科学中最最核心的方法是比较,而且是对照(controlled)的比较[大致可以叫"结构化和集中"(structured & focused)的比较]。比较对于社会科学的作用好比是"有空白对照"(with control)的实验室里的实验对于自然科学的作用。正如没有"有空白对照"的实验就不会有严格意义上的自然科学(即现代科学)一样,"没有对照"(without control)的比较(或者实验),就不可能有严格意义上的(实证)社会科学。这一方法论上的共同点使得社会科学和自然科学一样都是科学,尽管它们有很大的不同(巴斯卡,1975,1979)。[这一点基本意味着,除了利用一个案例来证伪某一个假说的尝试(critical test),任何单一案例的讨论都不是好的社会科学。]

正因为如此,要发展理论,我们必须追求理论的普遍意义。而要有理论突破,追求理论的普遍意义就更是不可或缺。如果只是从一个事实中发展出一个(所谓的)"理论",而不用类似(但不同的)事实来对其进行检验和比较,这样的"理论"很容易陷入循环解释和论证,根本谈不上有所谓的"理论突破"。因此即便我们以中国作为一个支点,同时也将中国作为一个数据点而发展出了某一个理论,我们也必须讨论这一个理论的适用性(或者说其普遍意义的大小)。因此我们的理论突破就不能仅仅是解释中国历史,或者仅仅诠释"中国的成功经验"。

五、何时才有中国的国际关系理论? 何时才有中国学派?

中国已经有了一些(也许不多)国际关系理论,这点是肯定的。当然,这些不同理论的解释力量则需要时间和知识共同体的检验。

我个人认为,至于是否存在"中国学派"可能并不重要,这最后是个中国学者发展出来的国际关系理论是否能够获得"国际知识共同体"一定承认的问题。对于这个问题,中国学者只能努力,而是否能获得"中国学派"这一标签并不完全取决于我们,甚至也不太重要。但是如果有朝一日真的会有"中国学派",那么中国学者,特别是年轻学者必须有冲击国际刊物的勇气和能力。否则,"中国学派"只能停留在自娱自乐的水平上。

关于社会科学的"科普"工作的一点儿说明

在过去的几年里,陆陆续续做了一些社会科学的"科普"性的讲座。(其实不仅仅是"科普"。强烈建议同学们看看,无论你是从事自然科学、社会科学,还是人文学科。至少,可以给大家一些讨论的起点吧。否则,许多时候,我只能感叹好像时间流过,我们还在原地。)

总共有三个主要的讲座:"如何做好的研究"(这个东西比较简单)"什么是(好的)社会科学研究?""社会科学的意义和任务"。至此,大致觉得我该说的都说了(当然,还是有许多东西我没有涉及)。于是写这么一个小的说明。

首先,我要感谢许多青年新锐积极参与我故意在一个小群体里挑起对"什么是社会科学?"的讨论。许多青年同人都参与了讨论,如果我没记错的话,至少有四位人士的讨论让我受益匪浅（按姓氏拼音字母顺序）：范勇鹏、宋念申、汪卫华、张志洲。我从他们的讨论中学到了很多东西（尽管这不代表我同意他们的所有意见），而他们的讨论确实让我意识到有更多的问题需要澄清。

其次，我要感谢中国社会科学院亚太所、中国社会科学院拉美所、复旦大学国务学院、上海交大国务学院、复旦大学希德书院、华东政法大学政治与公共管理学院的盛情邀请，给予我与许多老师和同学进行交流的机会。从这些交流中，我不仅了解了大家的一些疑问，更重要的是迫使我去不断理清楚我自己在认识上的一些问题。事实上，几个讲座中的很多内容都是因为需要回答大家的一些问题而增加的。

应该说，在最初开始这项工作的时候，我把这个任务想得比较简单（其中的一个重要原因是，当时我对中国的社会科学的基本现状了解得不多）。所以第一次我就这个问题做讲座的时候（2009年12月29日），大致只讲了一些比较工具性的东西（"如何做好的研究"）。

第二次讲的时候，对社会科学，包括对中国的社会科学，有了一些更多的了解（2011年11月25日）。在此之前，我已经写了两个"决裂"系列的短文（大概也因此得罪了不少同行）。［①"与'口号型'文章决裂！"，http://sspress.cass.cn/news/16118.htm，2010年10月23日。②与'标签型'和'判定型'文章

决裂！",http://blog.sina.com.cn/s/blog_744a734901
00rja8.html,2011年5月9日。]

　　这时候，我才大致意识到我批判的这几类文章几乎泛
滥,除了一些同行只会,或者只想写这类文章的原因之外,还
有一个原因确实是许多青年学者和学生对社会科学缺乏一
些基本的理解。于是才发现原来科普很难呀。

　　这段时间,对许多青年学者和学生的某些工作(或者是
他们想写的某些"论文")说了许多不太中听的话,恐怕也摧
毁了他们对某些"论文"的冲动和灵感。这里只能请他们多多
包涵。

　　我说的东西都是一家之言,不见得对。但是至少我们在
讨论,这才是最重要的。

　　最后,我想感谢那些对我的理解有特别重要影响的科学
家、社会科学家、科学哲学家和社会科学哲学家。他们至少包
括:罗伊·巴斯卡、本格、坎贝尔、达尔文、福柯、菲利普·基契
尔(Philip Kitcher)、波普、韦斯利·萨尔蒙(Wesley Salmon)、
约翰·塞尔。他们的讨论澄清了我的许多误解。

在"大理论"和现实关怀之间①

唐世平,复旦大学国际关系与公共事务学院教授,国际关系学界有名的"越界"学者。他的研究领域广泛,覆盖国际政治、制度经济学、政治(学)理论和社会科学哲学,并且在这些领域已做出世界一流的贡献。迄今为止,在上述领域,除了在国际顶尖期刊发表多篇重要文章之外,唐世平教授还出版了两部英文著作:《制度变迁的广义理论》和《我们时代的安全战略理论:防御性现实主义》。而他的第三部英文著作《国际政治的社会演化》也即将面世。现在,他正在完成新书《论社会演化》。唐世平教授是目前最有国际影响的中国社会科学家之一。在许多青年学者和学生的心目中,唐世平教授也

---

① 《中国社会科学报》张平采访复旦大学国际关系与公共事务学院教授唐世平。

是旗帜和楷模。

一、追求研究根本性问题

1.《中国社会科学报》：进入社会科学领域以来，您已经发表了诸多学术成果。回顾您的学术研究，您认为，从事社会科学研究最大的心得是什么？

唐世平：我在长期的失败与实践之中，获得了一些教训与经验，也从巨人身上学习到一些东西。回顾自己多年来的研究，我觉得有一点特别重要，那就是关注重要甚至是根本性的问题。

在一定意义上，理论研究是非常枯燥和辛苦的。但是一旦你发现自己研究的问题非常重要，并对解决这一问题充满激情，你的研究工作就能变得"好玩"起来。实际上，所有东西都是可以追问其背后隐藏的根本性问题的，而这种问题肯定有趣。对一个学者来说，如果一生中能够发现并且解决一个别人没有想到过的重要问题，或者解决一个多年未被解决的重要问题，那么他的一生将是非常"幸福"的一生。每一个好的问题其实都是一个机会，而我的教训和经验之一就是"把每一个机会当成最后一个机会"。

我坚持认为，社会科学研究应该不断拓展理论的疆界，贡献新的理论。社会科学学者不应该只关注地方性知识（local knowledge），而应该研究大一点儿的问题，只有这样才能有更广阔的视野，产生强有力的理论，从而造福人类。

具体到国际关系研究，我认为，美国国际关系学者罗伯特·杰维斯的《系统效应》一书就是一个强有力的理论范式。有人说，杰维斯的书没什么理论。事实上，杰维斯提出的是一个范式、一种思维方式，可以被运用到社会科学中的所有领域。类似，我觉得自己提出的"社会演化"也是一个强有力的理论范式，它同样可以被运用到国际政治以及社会科学中的所有领域。

2.《中国社会科学报》：作为一个致力于追求"大理论"的国际关系或者说社会科学学者，您认为，哪些因素在您的研究中发挥了重要作用？

唐世平：首先需要申明一下，我不仅做大理论，也做中层理论，甚至微观的理论（比如社会心理学），还做方法论。说到因素，我想大概有四个方面。

一是掌握一定的研究方法。只有掌握一些必要的招数，握有"手术刀"，才能对问题进行深入的分析。我不敢说自己做得多好，但我对社会科学的研究方法确实有一些独特的理解。当然，这与我个人的成长经历也有一定的关系。比如长期的自然科学研究训练及对生物演化论的研究为我的国际政治社会演化论研究奠定了基础。

二是要有宏大的现实关怀。社会科学的根本任务是通过提供解决社会问题的知识来改善人类的福利。从这个层面上讲,社会科学不是"玩学术",而是要解决基本问题。所谓"现实关怀"既包括解决某个现代社会的具体问题,也包括关注现实社会的某个根本性问题。对实证类的社会科学学者来说,冲突与合作,政体或组织的兴衰就是两个根本性问题。对我来说,我的兴趣点就是解决根本性的问题。我不属于绝顶聪明的人,但我愿意花十年时间去思考并试图解决一个问题。钻研根本性问题,能让我们感受到学术的幸福和美。

另外,不断拓宽知识的广度也非常重要。对一个社会科学学者来说,政治、经济、社会、历史、人类学、社会心理学的知识都要储备一些,甚至自然科学的知识也最好有一些。重要的研究肯定都是融合诸多知识的结果。

当然,灵光一现也非常重要。有关科学问题的灵感火花对于理论的突破非常关键,沿着灵感的提示继续思考就有可能抓住理论创新的机遇。比如1997年我进入国际关系领域后就对"三大理论"产生了一个疑问,为什么顶尖国际关系学者观察同一个世界却得出了不同的结论。对许多学者来说,这种不同意见可能是理所当然的。但是在2002年,有一天我突然意识到, 这个问题可能是一个时间维度上的演化问题。国际政治体系处于变动之中,对于一个已经发生了根本性变化的体系,针对之前的理论肯定就不适用了。沿着这个思路,经过持续地深入研究之后,我才提出了国际政治的社会演化诠释。不仅如此,因为要搞清楚"社会演化",我又自然地(其实是不得不)将社会演化作为一个现象和一个范式做深入的阐述。

二、与"我注六经、六经注我"的文人思维决裂

《中国社会科学报》:您认为,中国的国际关系研究存在哪些主要问题?

唐世平:随着中国的迅速发展,从学术上对外交战略和外交政策进行关注是有必要的。但是我认为,作为高校的学者的一部分责任不仅在于提出具体的政策建议,还应该为战略分析提供理论知识和分析工具,协助完善政府的某些战略行为。此外,对一个学者来说,人类在很多根本性的问题上是一致的。追求能够覆盖全世界某些共同问题的知识,永远都是学术的最高境界。学者不应该总是将研究停留在解释政策的层面上。

不仅如此,以往有关战略研究的方法有很大的局限性。我认为,进行战略研究起码应该具备以下四个方面的基本

素质：一是了解威慑、阻吓、压力外交、合作构建等基本战略行为。如果在对这些问题还没有搞清楚的情况下，就开始写对策，我认为是不可取的。二是掌握一定的分析方法和框架。三是了解具体事实。四是掌握相关历史事实。以往从事国际关系研究的学者大都比较重视后两个素质，却忽视了前两个素质。

另外，以往国际关系的许多研究成果在证明上存在问题。以前的学术成果大都用举例说明的办法来证明，但是"花絮"式的"旁征博引"并不能构成科学证据（甚至杰维斯的著作都有一点儿类似的倾向）。如今，社会科学研究需要的是更严格意义上的系统证据支持。从事国际关系研究，或者说社会科学研究，还是应该掌握一定的定性和定量分析技巧。过去我们所崇拜的通过"舌战群儒"来辩论问题的时代已经过去了。

社会科学学者必须与"我注六经、六经注我"的文人思维决裂，不能再继续"从文本到心境感悟，再从心境感悟到文本"。

大学的责任：授之利器①

1. 问：唐老师，你能不能谈谈你对中国高等教育的意见或理解？

答：我对这个问题并没有系统地思考过，尽管我大概一直在观察和思考。所以我今天的回应可能都是不成熟的，主要是想提出些想法，供大家批评和讨论。也许我最后会写一个更加成型的文章。所以我感谢你们的采访，因为你们促使我试图相对系统地思考这个问题。

我觉得讨论这个问题，先要从大学的目标或者说是责任开始。

① 这是一篇接受《复旦研究生》的采访记录。许多问题都没有深入地思考，也没法多谈，希望在以后的评论中稍微多谈一些。原文刊登在共识网，http://new.21ccom.net/articles/sxpl/sx/article_2010070712838.html。

我认为大学的任务只有两个：一是传承已有的知识并创造新的知识，二是培养能够为社会所用的人才。这两个任务是相辅相成，但又根据学校的类别侧重有所不同。对研究型大学来说，创造新的知识是更为重要的任务，而对于非研究型大学来说，传承已有的知识是更为重要的任务。但第二个任务则是所有大学的共同任务。[我这里暂时先不介入关于研究型大学和非研究型大学的讨论，但我想我们基本上可以说绝大部分大学都不是，不能够，也不应该是研究型大学。因此我们现在许多大学都想变成研究型大学的口号是错误的。在中国，我想至少非"211工程"（甚至非"985工程"）的大学都不应该变成研究型大学，尽管我不否认这些大学中的某些教授会有好的研究贡献。而这些有好的研究贡献的教授都应该流动到研究型大学，以实现人才汇集的效应。]

我认为培养实用型人才是本科生和硕士研究生阶段的任务，而培养研究型人才是博士研究生阶段的任务。当然，博士研究生之前的本科生和硕士研究生阶段都应该是学生在不断学习的过程中发现自己研究的兴趣和能力的过程。不过我认为培养实用型人才和培养研究型人才有相当大的不同。这里，我想主要谈一点儿我对培养实用型人才的理解。

我认为大学必须能够为学生提供三类基本能力和一类基本素质。拥有这四样"利器"的人才很容易为社会所用，而他们也能够更容易为社会福利做出贡献,从而发现自己的价值。这些能力和素质是一个系统:它们相互促进、相互强化。在任何一个地方有缺陷,都要尽可能弥补。就像一个武侠小说中的终极高手,他不能只会一套武功,而是要融会贯通而集大成。

我将基本能力分为两类战略能力和一类战术能力。

第一类战略能力是自我学习的基础和能力。大学不可能给学生准备应对社会的所有能力。因此我认为大学必须为学生提供最根本的战略能力是自我学习的基础和能力。这主要包括三个部分:①对社会的政治、经济、人文和历史的基本了解。②对某一个专业的基本知识和技巧的了解和掌握。③一套能够搜索、吸收、组合、运用知识的能力。我觉得这类能力是至关重要的,人的成长主要靠自我鞭策和自我学习,学校和老师不可能教给我们所有的东西。

第二类战略能力是发现/洞察(自然、自己、组织乃至整个社会的)问题,并且分析和解决问题的基本能力。这部分能力不仅包括基本的逻辑和科学方法论训练,还应包括心理学和社会心理学的常识,沟通能力(从而使得学生能够在社会环境中与他人合作,并且在必要的竞争中取胜),以及自我调节能力。不论我们在哪里,那些能够发现并解决问题的人士都相对会容易成为组织中的佼佼者,从而更容易获得自信和他人的欣赏（当然还有嫉妒，不过这也是需要应对的挑战之一），并且为社会提供福利。这部分能力包括学生能够在压力环境下适应挑战、调整心态和自我分析的能力。

大学必须要为学生提供的第三类能力是战术或者说是技术层面的东西。这其中我认为最重要的是良好的口头和书面表达能力。话语沟通是维系人类社会的根本机制之一。因此任何一个人要想在社会中比较好地立足，都必须依靠和他人的话语沟通。而在任何组织，那些"能说会道"的人士都更容易获得更多的机会。因此大学必须培养学生具有一定的表达和沟通能力。这其中书面表达，尤其是规范、正式、专业的书面表达能力，相对更困难也相对更重要。因此大学必须教授学生在学习大学知识的基础上写应用文的能力。

大学必须要为学生提供的第四类东西是做一个好人的基本素质。我把这部分放在最后不是因为它不重要。恰恰相反，这是最最根本的一部分。我认为做一个好人的素质最重要的就两点：社会责任感和努力。

我觉得我们判定一个人就应该从三个方面来评价：社会责任感、努力、能力（这部分上面论及了）。一个没有一些起码的社会责任感的人不值得我们尊重。同样，我们也不应该尊重一个不努力的人。我们不应该对一个能力相对差，但是有强烈的社会责任感而又努力的人有任何的不尊重。更何况，一个人只要以人民的福利为终极关怀,就一定会努力,而努力就一定会有好的能力。

我觉得只有我们的大学能够让学生拥有这四类利器,我们的大学才算是能够对得起学生家长的经济支出、学生的期待和社会给大学的任务。

2. 问:显然,这样的一个能力培养体系对整个学校的制度、教师和学生都会提出一些不同的要求。您能谈一谈这些方面的问题吗?

答:是的。不过,我的讨论顺序稍有不同。

(1)对老师的要求

我想先讨论对这样一个大学的目的和责任的理解对老师有什么样的要求。我不是觉得制度不重要,而是我认为,尽管制度再好,但最终制度都还要靠人来实行、监督。而且制度的变迁也是由人来推动的。

我觉得老师的素质是首要的,做一个好老师的素质(这不意味着我觉得自己是一个好老师了,我只是觉得我至少是一个努力的老师)。这是因为要培养学生做一个好人的素质,老师首先必须要具备这样的素质。而同样,要授学生以"利器",老师必须首先身怀利器。

所以我觉得首先是老师要有强烈的社会责任感,其次是老师必须努力。老师不努力,学生也就很容易不需要努力。

（2）对学生的要求

对学生的要求，我觉得最首要的一点是我们的学生必须转变思想，不以书面成绩论英雄，而是以自己学到了多少东西来评价自己。我可以举一个我自己的例子来说明这一点。我在念国际关系（亚洲研究）时，只念了一个硕士，但我觉得这段时间为我今后的工作奠定了重要基础。回过头来看，我觉得我做了一件重要的事情，而我之所以这么做是我认定必须尽可能掌握一些基础知识，特别是我不熟悉领域的知识。所以我在选择课程时，故意只选了一门只讨论中国问题的课程，尽管这样的课程对我来说会更容易。我刻意选修了关于中国周围的一些地区的课程（东北亚、东南亚、南亚），而我的硕士论文则是讨论中亚的。这使得我能够对中国所在的周边地区有一些基本的了解，从而使得我以后能够相对容易地自我学习。我还选修和旁听了其他的一些我基本不懂的课程（如政治经济学、博弈论）。我觉得这些都对我后来的主要靠自我学习在国际政治领域中的成长非常重要。而通过不断的自我学习，我的研究领域才能够像现在这样宽广。

因此我认为学生首先是要努力，不能够偷懒。如果一个老师要求比较宽松，但学不到东西，那就不要选这个课。相反，如果一门课要求比较严格，但能学到东西，那就应该选这门课。如果学生只以自己能否在一门课上得高分来选择的话，最后只有极少的老师才会去认真备课和上课。这样，我们一定就会走到一个"淘汰好课、培养差课""淘汰良币、培养劣币"的结局。最后，学生来到大学里只是靠自己的天分来争取未来，浪费父母的钱。当然，最好是每一个老师都要求严格，这样学生就无法偷懒了。这样的情形必须靠制度推动。

（3）对社会体系（包括学校）的制度和文化要求

肩负起大学的责任当然要求整个社会转变思想，不以书面成绩论英雄，而以为社会做出的贡献大小论英雄。但是改变社会的制度和文化通常是困难、缓慢、无法真正确知结果的。更重要的是，社会的制度和文化是一个体系，因此改变社会的制度和文化就是一个庞大的系统工程。因为这一问题是如此复杂，我不可能在此详细讨论这个问题。

不过有一点我要指出来。对研究型大学来说，创造新的知识是更为重要的任务。因此这些学校中的老师必须都是能够创造新知识的人士。再把要求降低点，也至少要求这些学校中的老师能够跟踪并理解最新的知识进步。我觉得我们离这样的一个要求还有相当距离。要研究型大学的老师的水平都得到整体的提高，研究型大学必须进一步深化改革。

而对于非研究型大学来说，传承已有的知识是更为重要的任务。因此这些学校不应该要求这些学校中的老师去搞课题研究，而是要求他们将绝大部分精力放在教学上。要求这些学校中的老师去搞课题研究事实上是在摧毁中国的大学教育。在这些学校里,对老师的职称评定,研究的比重不应该高于20%~30%。而各级地方政府也不应该把一点儿杯水车薪的科研经费当成撒(钞票)胡椒面,让老师去抢钞票而忽视了教学。从这一点来说,我认为所有省、自治区和直辖市以下的行政区域都应该取消地方性的科研经费支出。对于这些地方需要的应用性技术开发,要越来越依靠企业的投入,或通过向研究型大学或其他研究机构购买来实现。

但是我仍然要强调,即便是社会的制度和文化变了,个人的关怀和选择仍然是至关重要的,因为社会的制度和文化很难让每一个人都做到完全的归顺。不仅如此,社会的制度和文化的变迁不是自动的,它最终需要人——我们每一个人——的推动。

而且最后我要说,在某种意义上,我认为现在许多学生和老师动不动就将责任推到制度和文化上是一种逃避责任和偷懒的表现。事实上,我的努力一直在试图证明我们每一个人都可以改变我们周围的一点点制度和文化,只要我们以实现社会的福利为目的而多一点点努力。

"好的学习者"与"好的科学家"

我的一个业余爱好是观察和分析人,包括我自己。过去几年,我有了足够的时间和机会观察并思考我遇到的长辈、同辈、晚辈,以及那些我认为真正摸索到了成功的核心素质的人士(比如任正非、马云等)。今天把这点儿个人心得写出来,供大家参考。

学习是人生的必要。如果你想在人生中有所成就,你必须是一个好的学习者。你如果过得很糟,除了先天的禀赋(包括出身)之外,那多半就是因为你不是一个足够好的学习者。

当然,我知道这篇文章也会得罪不少人。

一、澄清概念

首先,我这里的"学习"不仅仅包括读书,而是包括所有的学习手段,从别人的经历中学习,从自己的经历里学习等。

其次,我这里特别用"好的学习者",而不是"好的学生"或者"好的学者"。"好的学生"在我们的话语体系里有点特指"听话的学生",而我已经不清楚"好的学者"在我们的话语体系里是指什么样的人了。

再者,长期以来,我们笼统地用"读书人"来覆盖(自然和社会)科学家、文史哲的学者,以及所有"上过大学的人"。这一部分是因为在1980年前,"读书"在中国还是个奢侈品;另一部分则是因为不理解"学习"和"研究"之间的联系和差别。

"读书人"可以一直读下去,不需要解决任何具体的科学问题(除了你的收入来源之外的问题),你只是为了愉悦而读书。我们"科学家"不是"读书人",读书对于科学只是必要(当然,偶尔也有读书愉悦的时候,当你读到一本好书)。

一定意义上说,"好的学习者"和"好的科学家"之间的区别类似于"好的工人"和"好的创业者"之间的区别。

二、"好的学习者"的基本特征

套用托尔斯泰的名言,所有"好的学习者"都一样,而不够好的学习者各有各的不足。

"好的学习者"至少拥有以下素质:

自我激励/自驱动（Self-motivated/self-driven）：如果你需要别人逼着你学习，你肯定不是一个好的学习者。好的学习者都是不断自觉地发现自己需要学习的知识和技巧，然后逼着自己学习。

自律（Self-disciplined）：注意力集中（focused），知道自己想要什么（know what you want），投入足够的时间和精力（devote time and energy），自学（Self-taught）。优秀的学习者可能不是教出来的，而是自我培养、自学成才或无师自通的。

你想成为一个好的学习者吗？从今天开始变成这样的人。

［我自认一直是个不错的"读书人"，但是直到最近的2015年才成为一个"好的学习者"和"好的科学家"。］

三、读书和记笔记的方法：小窍门

我在阅读时，从来不直接用电脑做笔记：阅读就是读懂并且消化内容，同时把你刚刚读到的内容和你已经有的知识和问题联系起来。因此我阅读的时候，总是先在纸上记下来一些东西，然后再把这些内容整理一下敲到电脑里。通过这两步，我不仅基本解决了记忆的问题，而且已经初步处理了信息（事实上，这两步是相互联系的）。这是我"记得好而且消化快"的秘诀。

四、"好的科学家"的基本特征

（1）好的科学都是艰辛的,因此好的科学家通常都是(半个)苦行僧。

（2）好的科学的快乐是短暂的,甚至是极其短暂的:灵光一现的那一刹那,那种快乐无与伦比。可是绝大部分时候,科学一点儿都不好玩:那些只告诉你"科学很好玩呀"的科学家都是希望有更多的人进入科学,算是"善意的谎言"吧。我不这么说,我直接就告诉你:你真的准备好了吗?你真的适合做科学吗? 你准备为科学牺牲很多情趣吗?

（3）好的科学很多时候甚至都是孤独的。爱因斯坦用了4年的时间向世界顶级的科学家来解释他的"狭义相对论"。"玉米夫人"芭芭拉·麦克林托克花了三十多年才说服遗传学家,基因确实是可以跳动的。

因此我特别想对那些觉得自己对研究"好像"有些兴趣的晚辈提个醒:

（1）研究很多时候并不"好玩"。它绝对不是以读书为消遣。

（2）好的"读书人",甚至"好的学习者",都不一定是好的"科学家"。比如如果你只是喜欢读书,或者读书很多,但提不出有趣的问题,也不愿意用功,那你只是一个读书人。

（3）如果你是文史哲的"研究人士"，那也和"科学家"有区别。

"好的科学家"和"好的企业家"一样，必须解决具体的问题，创造新的价值。"好的科学家"和"好的企业家"一样，必须战胜某些困难，非常具体的困难，这都是"读书人"永远不能理解的。

那些自视甚高，好像通晓世界，时不时说点"灵感"，发点议论，但是从来不写像样东西的人（他们能不能写我不知道），其实都不是好的科学家。他们只能忽悠不懂事的本科生。我希望，10—20年后，这样的人会在中国的顶级大学混不下去了。目前这样的人实在太多了。在中国的社会科学界，许多所谓的大牌学者只是徒有虚名，他们做我的学生我都不要。

五、"好的科学家"必须比"好的学习者"多出一些素质

（1）"好的科学家"承担自己给定的责任：必须解决具体的问题，创造新的价值。

（2）要有大关怀和大抱负（野心）。如果你开始就没有大关怀和大抱负，只是想在学术圈过过日子，那你可能过得很好，但几乎不大可能是一个"好的科学家"。道理很简单，即便有大关怀和大抱负你都不见得能最终成为一个"好的科学

家"，那没有大关怀和大抱负肯定更不行。

（3）能够发现重要的问题。"好的科学家"不是只循规蹈矩地看世界，一部分是因为他们问出重要的问题，甚至是别人没想到过的问题。（牛顿以前，有多少人问过："苹果为何只往地上掉？"）因此我在很多场合都强调，你问问题的水平是决定你整个研究水平的最重要因素。因为我们对任何一项研究的第一个问题永远是："So What？"（大致翻译为：你这个东西有何意义？）因此如果你的问题总是非常的琐碎（trivial）或者常见的（conventional），无论你发什么样的文章，你只是一个文章的写手或者机器而已，不过如此，你肯定不是一个"好的科学家"。

（4）专心致志做事，专注于一些具体的任务，解决某些具体问题。（single-minded determination to make something happen，Focus on some concrete tasks，building something to solve some concrete problems.）"好的科学家"一定主要想的是创造点新知识，而不是一直读（书）到死。我们迫切想用学到的新知识（无论是书本还是非书本）来创造点什么。因此我们会停下来不读，或者边读边创造（或者改善）。能不能知道必须停下来开始创造而不再读更多，这也是区分"学习者"和"科学家"的核心区别。

（5）一些解决问题的技巧，而不仅仅是经典（或者不经典的）知识。解决问题需要技巧，而不解决问题不需要技巧，只需要炫耀点学识。

（6）设定最后期限（Self-imposed deadlines）。"好的科学家"自己规定最后期限（deadlines），如果你从未给自己制定过最后期限，或者说你所有的最后期限都是由外界所加的，你基本上没有太大希望。

（7）自我批评精神和谦虚。"好的科学家"当然需要对自己的研究结果和结论有一定的坚持。但是区分一个好的学者和一般的学者的区别之一却恰恰又是自我批评精神。比如杰维斯肯定要比米尔斯海默好。杰维斯承认他在20世纪70年代时对情绪（emotion）的忽视，但是米尔斯海默却从未承认他对冷战后的欧洲的基本局势的判定至少迄今为止是错的（已经过了25年！从1989年到2014年）。从科学的道德准则上说，只有一个敢于承认自己的工作其实有缺陷的科学家才是好的科学家。不愿意承认自己的研究存在某些缺陷的科学家难成大器。

［我认为许多年轻学者在这点上其实有点儿不太够，总觉得自己的工作不错，很不错，甚至有点自我陶醉。而我其实时不时地会反思自己的工作，包括承认错误。比如我已经承认我在2000—2004年间对"功防理论"（offense-defense theory，ODT）的理解不够，对这个理论的正面态度其实是错误的。

而我2010年的一篇文章几乎完全否定了这个理论,特别是这一理论中的核心概念"攻防平衡"(offense-defense balance, ODB)。详细的讨论见:Shiping Tang, "A Systemic Theory of Security Environment", *Journal of Strategic Studies*, Vol.27, No.1, Mar.2004, pp.1-34. Shiping Tang, "Offense-defense Theory: Toward a Definitive Understanding", *Chinese Journal of International Politics*, Vol.3, No.2, Summer 2010, pp.213-260。最近,我还在改进和进一步完善我在《国际政治的社会演化》中第五章提出的两个命题的讨论。我认为,我当时的讨论还是不够深刻和完善的。]

六、科学家首先是科学家,而不是教书匠

(1)在研究型大学里(中国的"985工程"高校),"贡献新的知识永远是第一位的,而教学是第二位的"。在研究型大学里,做不出好的研究的人都应该下课,因为他们无法培养下一代的科学家。

(2)但这里我要特别强调,我说"贡献新的知识永远是第一位的,而教学是第二位的"绝不是说"教书是副业"。事实上,我认为,只有研究做得好的老师才能够真正教好这些研究型大学里的学生。那些研究不行的人只能是"上课有趣"而

244

已,甚至连"上课有趣"都做不到。

（3）在纯粹的教学型大学里（比如我老家的湘南学院），教学一定是第一位的,甚至是唯一的任务,这些学校不能要求老师去搞科研。科研只能是这些老师的业余爱好。但是这些学校的老师也应该吸收一些最新的研究成果,从而能够向他们的学生传授一些新的知识。

以下这个表格大致是我对不同大学类别的老师的考核的"理想状态"。

学校类别	科研	教学	备注
研究型大学（"985工程"高校,含"985工程"平台）[大致相当于美国的研究层（一）Research Tier I]	60%	40%	在这样的学校里,科研不行的老师只能进入教学岗位。
研究+教学型大学[大致相当于美国的研究层（二）Research Tier II]	40%	60%	在这样的学校里,科研不行的老师也只能进入教学岗位。鼓励这些学校里科研好的老师向研究型大学流动。
纯教学型大学[相当于美国的文理学院（liberal arts college）以及社区学院（community college）]	最多10%~20%,且不应有任何硬性要求	80%~100%	在这样的学校里,科研基本上只能产生垃圾。当然,不排除有张益堂教授这样的奇人隐于此等学校。

关于美国的研究型大学,见:http://en.wikipedia.org/wiki/List_of_research_universities_in_the_United_States。

如何读书：一点儿供批评的回应

众所周知，我的课每一次都会布置许多的读物（其实规定的阅读量只是国外同等水平课的一半左右），而且大部分，或者绝大部分都是英文的。因此许多同学颇有些疑惑：怎么需要读这么多书?!唐老师自己都读过这些书吗?唐老师是一页一页地读完了这些书吗?

[其实我的读物中"文章"和"书"差不多一样多。这是因为现在一些最前沿的研究都在文章里，不在书里!以下，我用"书"泛指"书和文章"。]

我首先要说明的是：如今的世界，几乎在每一个大的话题领域里都有读不完的书。所以如果你决定在读完所有的书之后再思考某些问题的话，恐怕你的一生在你能够开始思考时就已经结束了。如果一个人告诉你他（她）一字一句读完了一个领域所有的书，那他只能是骗人或是傻子。至少这样无法真正做研究。

因此我们每一个人都必须"聪明地"读书。

我个人以为,"聪明地"读书意味着"带着问题读书"。但是你心目中的问题必须是多个的,从而能够在否定一些问题后,还能够剩下一些好问题(有些不好的问题通过阅读而精炼,从而变成了好问题;不过有些问题肯定会被抛弃掉)。带着多个问题读书容易使你有联想,而联想也是帮助形成记忆的一个重要手段。

有一点我可能过去强调得不够多:你即便读了很多书也不见得能够做好研究。读书只是必要条件,不是充分条件。这一点,许多同学们可能都认识不够。许多同学自认为读了很多书就以为自己能做好研究了,完全错误。这也是我为何说不需要每一个人来做研究的原因之一。(关于"如何做好的研究",我过去谈过一些。)各位都需要自我发现是否适合做研究。

一、四种读书方式

(1)泛读:这是基础。在任何一个话题领域里,不读一些基本的书你基本上无法产生有效的(valid)的问题(真正的问题、有意义的问题)。〔也就是说,有些问题根本就是无效的

（invalid）的假问题、伪问题。］

（2）细读（或者叫精读）：有些重要的书需要我们仔细读，甚至一遍以上。

（3）工具性读书：这时候你已经有了一些问题甚至一些初步的答案。这时候的读书带有强烈的目的性，你需要对某一个问题（或者相关问题）的大部分文献有了解，甚至对某些文献有深入了解。

（4）正式写作时的工具性读书：你这时候需要的是证据、反面讨论、引文。你需要引文的页码。

以上四种方式都需要我们"批判性地"读书（critical reading）。

二、我对读书（和研究）的自白

我肯定读了不少书，这你们不用怀疑。

我也仔细读书，这你们也不用怀疑。

但是我仍然有很多书没读过，甚至都没听说过（我们都是无知的）。

我希望自己读的书更多（我一直很努力地读书）。

我通常知道一些书重要，但没有时间去仔细读。

但当我需要细读时，我一定细读。

我读书很快,英文一般在每分钟250~350个单词(我练过速读,测过。当然,特别晦涩或者技术性的文章除外)。

没测过我自己的中文阅读速度,所以不知道(应该会更高吧)。

我喜欢先把书的概论和第一、二章大致读完,有时候也读一下结论,然后决定这本书是否值得我仔细读。许多书,甚至大部分的书不值得仔细读,但这不代表你不要引用这些书的某些证据和观点。

做读书笔记:我在读书的时候会把重要的一些点记在纸上,然后再敲到电脑中(带页码)。在这个期间,我还会将这本书的东西和其他想到了的东西联系起来。

我正式写作的时候会读得很仔细,要引用别人的东西一定要仔细。不然要出笑话的。(这不代表我就一定不犯错误。)

我通常都同时在读几个不同领域的东西。因此我在做一个领域的问题的时候,经常能够联想起别的领域的东西。比如当我在读国际关系中关于族群冲突和政治的文献时(通常这些研究把族群冲突当成因变量),我就会想到在比较政治和社会学、制度经济学里面,族群冲突和政治通常是当成自变量的。这对做研究有极大好处。

我通常都是同时进行几个不同的研究课题(有时领域都不同)。

三、如何提高读书能力

你必须要有好的英文阅读能力。英文阅读能力不行，你就必须依赖翻译（许多书的翻译版都不行）。这样你恐怕很难有大的学术贡献（除非你专门治历史）。

拥有大的词汇量：如果你的英文词汇量不到1.5万个以上，赶紧背字典——个人以为，此乃唯一捷径，别无他法。

写下一些"随想"：这里面可能会有一些思想火花。

绝对不能只读一个领域的书。

不耻下问：问一下别人在某些领域里哪些书是一定要读的。[在这点上，学术搜索（google scholar）可以帮很多忙；而在读文章这一点上，有更加专业的软件可以帮助大家。]

四、老师的作用

我一直认为，老师的一个重要作用就是告诉学生哪些书是一定要读的，哪怕你是先粗粗读过也好（至少你知道你以后可以去仔细读）！因此我常说："一知半解比一点儿都不知道要强很多！"（这也就解释了为什么我的推荐读物通常会更多。）

　　另外一点,我有时候指定一些书,就是逼着自己(再)去仔细看这些书。(学会给自己上个"紧箍咒"吧!)所以感谢同学们的配合!

附

录

"半个神人"唐世平①

摘要：中国不缺研究中国历史的人，中国缺我这样能够在世界知识长河里留下一个脚印的人。我不和某些人比，你们也不要把我去和某些人比。在我的心目中，我只和波普这类人去比。

一、唐世平自称是"半个神人"

唐世平，14岁离开湖南，考取中国地质大学古生物系；28岁在美拿到分子生物学及遗传学博士；30岁那年，开始攻读国际关系硕士。在中国社会科学院与南洋理工大学等做过研

---

① 本文刊登于《复旦青年》第278期，《复旦青年》记者张紫薇主笔，《复旦青年》记者骆陶陶、张立群、曹柠报道。

图为唐世平在给本科生上课。《复旦青年》记者曹柠摄影

究员后，2009年，唐世平被复旦大学国际关系与公共事务学院聘为教授。

在此后三年的教育部学科评估中，居全国首位的复旦大学政治学系共在社会科学引文索引（SSCI）期刊上发表文章19篇，唐世平署名近半。

2015年2月，唐世平凭借《国际政治的社会演化》一书获国际研究协会年度最佳著作奖，他是首位获得该奖项的亚洲学者。

从一个叫卧果水的村庄里走出的唐世平，小时候想得诺贝尔奖，也自认为没遇到几个比自己更聪明的人。他有雄心壮志,曾离仕途很近却最终选择成为一个学者和教师。他是复旦大学"文科楼最后一盏灯",勤奋到常人难以想象。

他总是决定快速,不断变道。事后唐世平常用"幼稚"形容当时的自己,但没关系,他不后悔。

二、潇湘剑客

唐世平的微博名叫"潇湘剑客唐世平",一副狂狷和孤高。

剑客,凭着出色的天赋练就一身技艺。15岁,唐世平通过背词典的方式自学英语;18岁那年,古生物学本科生唐世平报考了分子生物学专业研究生。自学一年半,31门课程,唐世平位列中国科学技术大学招考第二名。唐世平从不觉读书难,他说他一生只在中科大少年班遇到过两三个比他聪明的人,其中有他最好的朋友张愚。强者,遇强则强,这些智力超群的人激励了唐世平更加努力。

剑客,自在潇洒。2015年初,唐世平在《南风窗》发表专栏文章《少一点中国历史,多了解世界》,提出大部分中国古代史研究没有现实意义,应该削减中国历史,尤其是中国古代史的经费支持。反对的声音此起彼伏,他不在意,也不回应。他只是在做自己认为对的事。"唐老师有的时候会把批评的话说到120%,是希望别人能懂他的批评,推动他认为重要的事情发生改变,其他的,他不在乎。"唐世平的研究生王凯说。

在江湖,谦逊、独立的剑客才有可能成为尊长。唐世平在博客上写了多篇"学术感恩录",感谢那些提携过他的人。他从不掩饰自己的骄傲,但这并不妨碍他虚心求教,比如他曾两次去旁听经济学院青年教师陈硕的定量课程。

江湖,需要有野心的剑客。唐世平在社科领域的野心正是从发现学术权威的不完善开始。至今,他在所撰文章的最后,常会指出大师学说的不足。攻读国际关系硕士学位时,唐世平开始给罗伯特·杰维斯等世界级权威的国际关系大师写邮件。杰维斯这样向《复旦青年》记者描述唐世平留给他的最初印象:"他非常熟悉我的作品,并且提出了重要而艰难的问题。"

"中国不缺研究中国历史的人,中国缺我这样能够在世界知识长河里留下一个脚印的人。我不和某些人比,你们也不要把我去和某些人比。在我的心目中,我只和波普这类人去比。"

唐世平用达·芬奇作比,希望自己成为半个通才。他目前的研究领域覆盖国际政治、制度经济学与比较政治学、政治理论、社会科学哲学。他自认自己的课程是"世界一流",无论老师还是课程内容。

　　国务学院2011级研究生黄振乾曾骑自行车载过唐世平，黄振乾开玩笑，一个不小心，他岂不成了中国乃至世界社科界的罪人？后座上的唐世平回了句："那你就好好骑。"

三、卧果水少年

　　14岁前的唐世平，住在湖南南岭山区中部半山腰的一个村子里。从他的家向四周望去，除了郁郁葱葱的竹林，就只有层层叠叠的远山，在村口能眺望到的最远峰大概是"五岭逶迤腾细浪"中的骑田岭。

　　村里缺水，村名却叫卧果水。1967年，唐世平出生。14个月后，当小学教员的父亲被打成"反革命分子"，含冤入狱6年，唐世平与母亲、外婆相依为命。"文革"时期许多这样的家庭，就在打压与奚落中摇摇欲坠。好在唐家不是。偏远的卧果水是一个百度地图也搜索不到的地方，经济迟迟不见发展，政治氛围也是寡淡。

　　唐家紧靠村头，那是全村人下山取水的必经之路。邻村村民去山上砍柴、割草、采蘑菇或者摘野栗子，路过唐家，便在此歇脚、饮水。

　　这是一种珍贵的善意，卧果水的村民并没有歧视这个出了囚犯的家庭。唐世平只记得初中时有一个隔壁村的男孩嘲笑了自己的父亲,他动手打了对方。

唐世平曾经以为贫穷也就是他这样的生活。小学暑假,他跟着母亲去敲碎石卖钱,站在松动的山石下,难免想起时不时听到乡亲在此遭遇生命危险的讯息。一天下来,母亲挣8角钱,他能挣3角。

进入中学前,整个大队有两个入校名额,校长把其中一个给了唐世平,他称之为"命运转折"。高考后,他进入武汉地质学院(今位于武汉的中国地质大学)古生物学专业。选择地质学院,是想给家乡找一口井,相较于现代生物学,古生物学则能满足自己对生命起源的好奇。

得益于大学的社会考察,唐世平走过10个省份。在陕西南部,贫困比他的家乡更甚,人们窘迫得无衣可穿,唐世平形容"触目惊心"。

在今天的卧果水,村头没有了唐家,屋基变成了平地,藤蔓和竹林抹去了过去的痕迹;他曾经就读的学校,早已年久失修;田地里种着红薯,可大部分都已经荒芜。唐世平在想,不久的将来,这个村落或许也会消失。

四、变道者

过去20年,唐世平就像一个不合常理的司机,多次变道,加速超车,最终到达自己想去的地方。

出国留学时,张愚陆陆续续借了唐世平一万多美元资助他,说是借,其实十几年没催他还过。1996年,在美国西德尼·凯米尔(Sidney Kimmel)癌症中心做博士后的唐世平进行了人生最大幅度的变道。

那会儿,29岁的唐世平经历着一段艰难的时光,连续八九个月在实验上没有任何进展。适逢第五次台海危机爆发,每一条新闻都在加剧一种危机四伏的紧张感。中国留学生们常聚在一起,互相聊起,彼此共鸣,都"立志要回国"。

这些20世纪80年代的大学生沐浴在启蒙思潮中,读着"走向未来"丛书,反思体制,讨论人道主义和国际局势。台海危机因何而来,当时的唐世平给出的答案是"中国还不懂得该如何与西方民主政府打交道"。

唐世平在社区图书馆查阅相关资料,发现当时中国只有一两家单位对美国国会有研究。这种空缺,唐世平自认需要他来填补:中国就是需要他这样"在美国待过几年,了解美国社会基本运作的人"。

这也是唐世平最利落的变道,只两三天的时间,他就下定决心要学国际关系,没和任何人商量,没有人知道。但他有自信驾驭得了,对他来说,事情其实也没那么难,就像他曾成功变道去分子生物学。

　　1997年,唐世平顺利成为加州大学分校伯克利国际政治专业硕士研究生,每周看超过1000页的文献,一学期阅读的书籍也超过50本。

　　回国前,他想做个外交官,改变一点儿外交政策。但当时在伯克利访问的一些访问学者告诉他,外交官不是决策者,只是执行者。1999年7月,唐世平转投社科院亚太所。

　　几年间,唐世平一直没有放弃他的"地方官梦"。于是在前行的道路上,他又拐了一个小弯。2002年10月,唐世平去了宁夏,挂职自治区外贸厅厅长助理。他以为这样既能做点事情,又能继续研究学问。

　　但是官场上的一些潜规则让他难受,最终促使他再次变道。他选择逃离官场,离开宁夏后,在新加坡做完3年的高级研究员,最后被聘为复旦大学的特聘教授。关于宁夏,他一直记得的是一群山区孩子,台下的他们看着社科院捐赠的5台电脑,流露出好奇的目光。"我过去和你们一样,希望你们将来也和我一样",主席台上的唐世平声音颤抖。

　　道路怎么变,唐世平初心都在。他第一次选择的路途是"想为家乡找一口井",现在不过能做得更多罢了。

五、文科楼的最后一盏灯

非要唐世平为自己获得国际研究协会年度最佳著作奖说句感言，那就是"如果真的做出了好的研究，确实有可能获得国际的承认"。

当初放弃继续读一个政治学的博士，迫切地想要回国有所作为，48岁的唐世平总是觉得生命有限，还有很多研究想做。

"琴棋书画什么都不是，它不能让我为这个世界留下任何东西。"32岁才拿到国际关系硕士学位的唐世平，总是能感觉到年龄带给他的压迫感。除了偶尔打场羽毛球，他的生活被学术研究填满。

他很少陪伴父母妻儿，很少出去聚会和社交。阅读与思考填满了大部分休息时间，夜里想到了什么，也会起身继续工作。习惯了与生命拼命赛跑的他从不允许自己慢下来。

2005年，他给自己写下了一个"十年规划"，列出了要读完的书籍、要写的四本专著和文章，如今都已经基本完成。2015年，他为自己勾勒出下一个十年的图景。

唐世平每年的休息时间不会超过十天。2013年的春节假期休息了一天半，除夕半天，大年初一一天，他在给学生的邮件里提到。

幸运的话，你能在上午十点左右松花江路上的一家咖啡店见到唐世平，他安静地看着书，手边放着一杯摩卡。老板早已熟悉这位常客的口味，咖啡上会多洒上些巧克力粉。

所有的读书笔记会在之后被综合整理进电脑文档，清晰标注出参考文献。唐世平的学生葛传红将其称为一种再创作式的笔记。唐世平曾告诫他，"不在乎你藏了多少书，而在乎你读了多少书"。

更多时候，唐世平在早上9点准时出现在文科楼814室。不出意外，他是"文科楼的最后一盏灯"，工作13个小时，直到晚上10点，周末依旧。一起合作的其他学者，难免要在下班后被唐世平"打扰"：晚上归家后接到唐世平的工作电话。

"族群冲突""威权政治的逻辑""时空下的现代化"是唐世平现阶段的主要研究议题。研究族群冲突的灵感来自于研究国家安全空间时阅读的大量文献。2009年的新疆"七五"事件则让他坚定了这一研究方向。

怀揣振兴国内比较政治学的梦想，唐世平与复旦、上海财大的几位青年学者组成了研究小组，自封"五角场学派"。每年唐世平还会牵头这个小组召开两到三次的研讨会，他们一般在复旦文科楼七层或八层的休息室，交流自己新的理论与研究设计。

哪怕通过教学和研究只能影响中国百万分之一的青年

人,唐世平都觉得自己的价值得到了极大的发挥。而学术研究过程给他带来的则是自我满足。

偶尔他也会回想起自己那些"幼稚"的执念,"那些想法虽然幼稚,却无比可贵",他说。他从未后悔过自己的任何决定。